« PLUS RIEN À FAIRE, PLUS RIEN À FOUTRE »

BRICE TEINTURIER

« PLUS RIEN À FAIRE, PLUS RIEN À FOUTRE »

La vraie crise de la démocratie

Robert Laffont

ISBN 978-2-221-19866-7

Avertissement

Ce livre est un essai sur certaines dynamiques qui traversent la société française. Même s'il s'appuie sur des lectures, l'analyse de nombreuses enquêtes d'opinion et de multiples observations, il procède du seul point de vue de l'auteur, qui, comme tout point de vue, a sa part de subjectivité.

Il n'engage donc que lui et aucunement Ipsos.

À mon grand-père, Jean Teinturier, arrêté par les Allemands le 30 juillet 1944 à Clermont-en-Argonne, déporté au camp de Schömberg, mort à Bergen-Belsen en 1945.

À mon père, Pierre Teinturier, qui pensait en dehors des héritages faciles et m'a donné le goût de la politique. Son affection, son humanité et nos conversations me manquent chaque jour.

À Camille, ma douce à moi, ma belle, ma bien-aimée, qui illumine ma vie.

À mes loulous adorés dont je suis si fier : Bastien, Léa, Valentine, Lucas, Solal et Maëlle.

Introduction

De la France du doute au doute de la France

La France est singulière. C'est un pays de philosophes, certes, mais pas n'importe lesquels : de ceux qui sont aux fondements de la philosophie, de ceux qui doutent, profondément, en permanence, jusqu'à la racine et plus encore. Ce n'est pas pour rien que nous sommes au pays de Descartes, l'homme qui, pour asseoir la vérité – rien que cela ! –, construisit la méthode du doute radical, allant jusqu'à remettre en question l'existence de son propre corps et de ce qui l'entourait pour aboutir, au fil de son raisonnement, dans un cheminement intellectuel à la fois admirable et frisant la folie, à ce qu'il pose comme socle de la connaissance, comme seul rocher dont on ne peut douter : l'acte de penser, pour en déduire une existence : « Je pense, donc je suis[1]. »

1. René Descartes, *Discours de la méthode*.

Le doute radical est une caractéristique française. Nous, Français, nous nous construisons en déconstruisant, en mettant en question, en critiquant. Cette manière d'être, cette façon d'entrer en relation avec autrui, n'importe quel Français l'éprouve dans sa vie quotidienne et la constate dans son travail : l'interrogation critique y est constante et débouche très vite sur l'objection.

Notons d'ailleurs que l'interrogation est rarement ouverte, bienveillante ou destinée à mieux comprendre ; elle est presque toujours ironique. Pour un Français, le « oui, mais » est à la fois premier, structurel et singulièrement répandu ! Ajoutons qu'il est souvent et tout à la fois très intelligent, très argumenté, très élaboré et très corrosif.

C'est là la conséquence de ce cartésianisme français, de cette séparation absolue posée par Descartes entre le corps et l'esprit, de cet intellectualisme poussé à l'extrême et du goût qu'il a généré pour les choses de l'esprit et la critique.

Les Anglais, eux, ont enfanté des empiristes, Locke, Hume… Ce sont des pragmatiques.

Il faut prendre au sérieux ce doute français. D'abord parce qu'il est profondément ancré dans notre culture. Ensuite, et c'est essentiel, parce qu'il est radical. Enfin, et c'est une conséquence, parce qu'il est porteur d'un rapport singulier à l'autre et au monde.

La radicalité du doute cartésien renvoie à une prétention : accéder à la vérité. Dans peu de pays une telle idée est aussi communément répandue. Car s'il s'agit du vrai, il va falloir batailler. S'il s'agit du vrai, on ne parlera pas de « transactions », mais d'« affrontements ». Le vrai ne se partage pas, ne se négocie pas. Il est ou il n'est pas. On aura donc des combats, non des négociations. Il n'y aura ni « gagnant-gagnant » ni compromis, mais des vainqueurs et des vaincus. Et tous les hommes dits « de bonne volonté » seront en réalité suspects. Suspectés de mollesse, de couardise… Suspectés de rester dans un entre-deux méprisable, voire de trahir, de renoncer.

S'il s'agit du vrai enfin, il y a et il y aura volonté, voire nécessité de le faire découvrir et partager. On sera alors sur une prétention à l'universalisme, à l'exportation d'idées, de modèles tenus pour justes et bons. On sera rétif aux leçons venues de l'étranger, du monde anglo-saxon et plus encore de cette Allemagne depuis toujours notre rivale.

Beaucoup de singularités françaises découlent de ce doute et de cette conception du vrai : l'ardeur des affrontements, le goût de l'argumentation (dans le meilleur des cas) ou de l'invective (dans le pire) plutôt que de l'action et de l'expérimentation ; le dogmatisme enfin plutôt que les compromis. Or, il ne s'agit pas de catégories psychoaffectives dont on pourrait s'amuser, mais bien de points décisifs dans ce qui structure et définit ou non la performance d'une organisation, d'un groupe social ou d'un pays. Ce qui nourrit le charme de la France, ce qui en constitue la grandeur, est aussi ce qui lui nuit profondément.

Précisons les choses : le mal n'est pas dans le doute. Bien au contraire. Le dogmatisme, l'étroitesse d'esprit, la bêtise et l'arrogance se reconnaissent précisément à une incapacité à se remettre en cause. Le doute est la condition de la tolérance, de l'ouverture à l'autre, à ce qu'il est et à ses propres idées. Le doute est aussi, en épistémologie, le levier de la connaissance. En revanche, le péril ou le mal est dans le doute *radical connecté à l'idée du vrai*, par lequel on va imposer la vérité. Or, trois siècles et demi après Descartes et quelques épisodes de grande modération comme la Révolution française et la Terreur, nous en sommes à un point extrême de radicalité du doute, voire de radicalité tout court.

La France, tous les indicateurs le montrent, tous les Français le ressentent, est un pays profondément divisé, qui ne s'écoute pas, qui se durcit, qui invective et s'invective.

La France doute d'abord d'elle-même. De son avenir, de sa capacité à continuer à être ce qu'elle est. Elle est hantée par l'idée de son déclin, un déclin perçu par l'immense majorité de ses habitants et la plupart de ses intellectuels comme inéluctable et en grande partie irréversible.

La France est rongée par l'idée du déclassement, par la certitude ancrée et répétée à satiété que nous vivrons demain moins bien qu'aujourd'hui. En bref, qu'« hier c'était mieux ».

Dans cette France de l'anxiété et du doute, le ressentiment et l'« altérophobie » enflent à la vitesse d'un fleuve de plus en plus violent, même si peu d'entre nous osent le dire haut et fort, comme s'il fallait se rassurer dans le confort protecteur et illusoire d'une France généreuse, ouverte, définitivement non xénophobe.

La réalité est autre. De plus en plus fortement émergent des figures du mal. Certes, la société a toujours eu besoin de quelque démon et René Girard[1] a montré depuis longtemps la fonction centrale du bouc émissaire au sein de n'importe quel groupe social. Mais ce qui frappe, c'est combien ces figures d'incarnation du pire

1. René Girard, *Le Bouc émissaire*, Grasset, 1982.

sont de plus en plus nombreuses et combien l'aversion à leur égard est chaque jour plus facilement dicible : les étrangers, les musulmans, les juifs, mais aussi les riches, les chômeurs (dont un Français sur deux pense qu'ils pourraient trouver du travail « s'ils le voulaient vraiment », ce qui revient à les traiter de parasites), les fonctionnaires (trop nombreux, trop planqués), Hollande (indécis, incompétent, illégitime, mal fagoté, mangeur de frites), Sarkozy (fou, dangereux, démagogue, délinquant, obsédé par la revanche), les élites (forcément nulles), les médias (menteurs et corrompus), les sondages (manipulés et servant à manipuler), les trente-cinq heures, la paresse, etc.

Ce qui monte dans notre pays, ce n'est plus seulement le doute, c'est la défiance et avec elle, de plus en plus souvent et tout simplement, la haine.

Cette défiance à l'égard de l'autre, avant tout perçu comme une menace ou un danger potentiel, est évidemment coûteuse sur le plan économique[1], puisque pour produire, échanger et commercer, il faut avoir un minimum de confiance en son interlocuteur. Mais cette défiance, parce qu'elle est dévoreuse d'énergie, est également ruineuse au quotidien quand elle altère l'équilibre psychologique d'un individu et de la nation. Le sentiment de fatigue et d'usure des Français renvoie certes à de nombreux facteurs, mais puissamment à cette défiance permanente, anxiogène et génératrice d'une vigilance exacerbée.

La plupart des responsables politiques de notre pays l'ont compris. Et cherchent sincèrement à recréer une

1. Jean Peyrelevade, *Histoire d'une névrose. La France et son économie*, Albin Michel, 2014.

confiance durable. On les accuse d'être déconnectés ? Mauvais procès ! Ils sont sans doute impuissants et parfois maladroits mais parfaitement lucides sur la situation et totalement impliqués pour y remédier, aussi bien à gauche et à droite qu'au Front national.

C'est même ce diagnostic partagé qui engendre une distribution des rôles aussi parfaite. D'un côté, le Front national, qui s'appuie sur les peurs, entretient le sentiment de déclin, cultive la défiance à l'égard des étrangers et propose un autre mode de société pour pallier cette situation et retrouver de l'allant. Lui aussi cherche, à sa manière, à restaurer la confiance. Et même, affirme-t-il maintenant, l'apaisement.

De l'autre côté, la droite et la gauche qui combattent toutes deux le Front national et se combattent entre elles, mais partagent le même objectif : refaire de la France une nation qui cesserait de douter d'elle-même et de son avenir, tolérante et harmonieuse.

Cela porte un nom barbare : la « tripartition » du système politique français. On devrait plutôt dire : la « quadripartition », tant la gauche est elle-même fracturée en deux blocs.

Ma conviction est qu'il y a dans ce paradigme communément posé et globalement partagé une erreur d'optique fondamentale. Ni la présidentielle de 2017 ni les scrutins suivants ne se joueront sur la capacité de la droite à reconquérir une fraction de l'électorat du Front national, pas plus que sur la possibilité pour la gauche de structurer un espace qui irait de son courant traditionnel jusqu'à une partie du centre. Ces schémas sont surannés. Certes, ils s'enracinent tout à la fois dans un phénomène réel que nous avons décrit, marqué par la défiance, le « déclinisme », la montée de la haine, et dans une histoire politique aux contours classiques. Mais ils ne tiennent pas compte de l'émergence d'une quatrième force, la plus décisive à mon sens, celle qui a progressé au moins autant que le Front national en dix ans, qui bouscule plus sûrement encore les partis traditionnels que ce même Front national et s'est durablement installée dans notre paysage politique, une force qui pèsera de manière déterminante sur l'issue des scrutins. Cette force, c'est le PRAF. Appellation qui signifie, quand on est modéré : « Plus rien à faire ». Et quand on est exaspéré : « Plus rien à foutre ! »

Le PRAF n'est pas un groupe social et encore moins un parti politique. Le PRAF est une posture, une attitude. Comme toute attitude, elle est graduelle et peut se transformer en force. En ce sens, on peut parler de « PRAF-attitude ».

Le PRAF ne se réduit pas à de la défiance et ne se manifeste pas toujours par de la colère. Il est même souvent silencieux et presque invisible. Il a l'air anodin. Il glisse sur nous et autour de nous. Il nous envahit mais petit à petit. C'est pourquoi on ne le repère pas. Il n'en est pas moins profond et de plus en plus répandu.

Qui n'a pas soupiré, de lassitude ou d'ennui, en écoutant l'invité politique d'une grande émission ? Éprouvé ce sentiment de déjà-vu, d'usure, de jeux maintes fois répétés… et dont les ficelles sont si vite repérées ? Qui ne s'est pas dit, au moins une fois dans sa vie et de plus en plus souvent ces dernières années : *Plus rien à faire de tout cela* ?

On est là dans un PRAF de basse intensité. Mais qui, s'il se répète, si sa fréquence augmente, devient constant plutôt qu'intermittent et finit par être irréductible plutôt que relatif.

Pourtant, serait-on tenté de dire, est-ce si grave si, aujourd'hui, on parle moins souvent de politique en famille ou avec ses amis ? Est-ce si grave si, peu à peu, on se *détache* de l'actualité politique et de la politique elle-même ? Ne serait-ce pas plutôt un signe de sagesse, de maturité, de prise de conscience à l'égard du système politique et de ses limites ?

En fait, ce processus est extrêmement périlleux. Si dans la *déception*, il y a encore de la *relation*, dans le *détachement*, c'est la relation même qui, lentement, se décompose et s'éteint. Le divorce est alors consommé. Et la rupture définitive.

Or, penser qu'une nation peut se passer de politique et de représentants relève d'une dangereuse illusion.

Minimiser l'importance d'un tel phénomène serait d'autant plus périlleux que le modéré et très policé « plus-rien-à-faire » peut passer au stade beaucoup plus radical du « plus-rien-à-foutre ».

Ce second PRAF porte en lui une colère et une souffrance plus profondes. Il ne s'agit plus alors d'un processus lent et quasi souterrain de *détachement* mais d'un *dégoût* qui génère une volonté de *rupture*, laquelle peut se concrétiser par la révolte ou de multiples formes de repli, parmi les plus radicales. Il peut être le point ultime du premier PRAF, ou relever, nous le verrons, d'une autre logique.

Il ne faut cependant pas réifier trop vite le PRAF, qui n'est pas un groupe social, au sens propre du terme, mais peut le devenir s'il gagne en fréquence ou en intensité.

Toute la question – mais aussi toute la difficulté – est donc de bien repérer les leviers qui expliquent ce phénomène.

À court terme, pour la présidentielle de 2017, le PRAF constituera une variable décisive du résultat final. Certains candidats sont en effet bien armés pour séduire cet électorat gagné par la PRAF-attitude, d'autres n'ont aucune chance ou presque d'y parvenir, d'autres enfin ne font que la conforter.

À moyen terme, chercher à comprendre les origines du PRAF, c'est tenter de décrypter les raisons de nos profonds malaises démocratiques dont il est l'un des symptômes.

Dans les deux cas, il est clair que nous entrons dans une phase de la vie politique où parler de « crise de confiance » et de « tripartition du système politique » ne suffit plus pour comprendre non seulement l'actualité mais les formes de démocratie à venir.

PREMIÈRE PARTIE

Aux origines de la PRAF-attitude

1

Nicolas Sarkozy et François Hollande : la double désillusion

Il y eut d'abord les croyants puis les déçus de la politique. Il y a maintenant le PRAF.

Les croyants s'épanouirent sous la Ve République, plus particulièrement de 1958 à 1982. On était passionnément gaulliste, communiste ou socialiste. On *croyait* fondamentalement à ces idées ou idéologies. On croyait à ce qu'elles portaient comme vision du monde, engendraient comme système de valeurs et induisaient comme principes d'action. Elles organisaient la société, les rapports entre les individus, les relations entre la nation et ses composantes. Elles déterminaient des choix économiques et sociaux parfois diamétralement opposés, mais chacune signifiait une logique du vivre-ensemble, une manière d'être, de se loger, de s'habiller, d'échanger, de consommer. Elles étaient incarnées, enfin, à la tête de l'État par des personnalités d'envergure et d'exception : de De Gaulle et Pompidou à Giscard et Mitterrand.

Dans ce système-là, éminemment normatif, on se combattait au nom d'une conviction, d'une foi. Chacun avait son héros, lui-même porteur d'une vision. Dans cette croyance quasi mystique, il y avait du désir. Désir profond, vibrant, intense, de maintenir, de conserver, de perpétuer, ou désir tout aussi ardent d'alternance, d'un autre monde, d'une autre société.

À partir des années 1982-1984, il y eut les déçus qui se firent de plus en plus nombreux. L'alternance avait tué toute espérance de changement.

La droite s'imagina alors qu'une relance keynésienne totalement en décalage avec la réalité d'un appareil productif français vieillissant suffirait à disqualifier pour longtemps la gauche et ses nationalisations. Elle se persuada que les socialistes au pouvoir n'étaient que de passage et, en réalité, fondamentalement illégitimes. Elle ne comprit pas, ou très tardivement, que le choc du « tournant de la rigueur », deux ans après l'arrivée de François Mitterrand à la présidence, avait certes nourri des déceptions à gauche, mais annonçait surtout l'émergence de déçus de la politique. L'habileté d'un François Mitterrand sous la cohabitation, qui permit à la gauche de revenir au pouvoir en 1988, prolongea cette illusion.

C'est au même moment qu'on assiste au décollage du Front national. Deux ans auparavant, Jean-Marie Le Pen n'avait même pas pu réunir les signatures nécessaires pour être candidat à la présidentielle. Lors des élections municipales de 1983 puis des européennes de 1984, il s'installe brutalement dans la vie politique en obtenant plus de 10 % des suffrages. En 1986, il obtient trente-cinq députés à l'Assemblée nationale. À la présidentielle de 1988, il approche les 15 %.

La raison en est très simple : sept ans plus tôt, le candidat Mitterrand l'avait emporté sur une promesse essentielle, celle, déjà, de la lutte contre le chômage. Souvenez-vous : « La rupture avec le capitalisme », « Une autre politique est possible » ; avec elle, « nous ne passerons pas la barre des deux millions de chômeurs ». Cette barre fut allègrement et très vite passée, vrillant plus profondément dans les entrailles des Français une angoisse indicible, celle d'une société de miséreux sans travail toujours plus nombreux.

Dès 1983, le Front national devient ainsi la seule formation politique à pouvoir affirmer à la fois qu'elle n'a jamais exercé le pouvoir et qu'une autre politique est possible pour faire reculer le chômage : la préférence nationale. « Un million de chômeurs, un million d'immigrés, la solution est simple » : slogan que l'on employait en Autriche, dans les années 1930 à propos des Juifs, « sept cent mille chômeurs, sept cent mille Juifs, la solution est simple ». Une partie des déçus de la politique – à cette époque de gauche et de droite –, vont trouver dans le FN une structure alternative leur permettant d'espérer à nouveau. Notamment dans les milieux populaires, les plus fragiles, les plus exposés au chômage.

Mais ces déçus – on dira même les « cocus » – ne rompent pas pour autant avec la politique et peuvent parfois finir par se remettre de leurs déceptions. Soit en trouvant quelques excuses à la faiblesse du président en exercice – la faute à la crise, à la conjoncture –, soit, plus souvent, en identifiant chez un autre candidat, lors de l'élection suivante, de nouvelles raisons de croire. Ce fut le cas en 2007, présidentielle totalement décisive dans l'amorce de la PRAF-attitude, où beaucoup recommencèrent à espérer en la politique.

Cette élection est la première depuis dix-neuf ans qui ne se fait ni dans la foulée d'une cohabitation, ni avec un président ou un Premier ministre sortant qui se porte candidat. Nicolas Sarkozy, pas plus que François Bayrou et Ségolène Royal n'ont de bilan gouvernemental à défendre. Ils vont donc devoir approfondir leurs projets politiques comme cela n'a pas été fait depuis longtemps puisqu'il est impossible ou presque de s'appuyer sur leur action passée en tant que dirigeants de l'exécutif pour en déduire leur action à venir. Pour séduire, ils sont contraints à innover. Là est la clé de leur réussite éventuelle. Chacun le sait. Et tous trois s'y emploient.

Pour se démarquer de Jacques Chirac et répondre à la concurrence de ses deux principaux rivaux, Nicolas Sarkozy élabore un programme de rupture extrêmement cohérent et parfaitement mis en scène au niveau des valeurs et de leurs illustrations concrètes. Ségolène Royal, de son côté, bouscule le paradigme classique de la gauche à coups de propositions iconoclastes sur l'autorité, l'ordre juste et la démocratie participative. François Bayrou enfin s'affranchit du clivage traditionnel et théorise une approche transgressive de l'action politique, qui elle aussi trouve des supporters.

L'élection présidentielle de 2007 est également la première depuis 1969 à voir s'affronter deux représentants des principaux partis de gouvernement qui n'ont jamais brigué la fonction suprême. Il faut remonter à Pompidou-Poher pour retrouver une telle situation où les deux candidats qui ont le plus de chances de l'emporter s'affrontent pour la première fois.

En 1974, les Français avaient déjà vu François Mitterrand mener une campagne présidentielle, celle de 1965 qui avait abouti à la mise en ballottage du fondateur de la Ve République. En 1981, le combat opposait

Valéry Giscard d'Estaing, président sortant, et François Mitterrand à nouveau candidat. En 1988, non seulement François Mitterrand était le président sortant mais Jacques Chirac était son Premier ministre de cohabitation et s'était lui-même déjà présenté à l'élection présidentielle en 1981. En 1995, Lionel Jospin jouait certes sa première partition dans ce type d'élection mais pas Jacques Chirac, déjà candidat en 1981 et en 1988. En 2002, ce sont ces deux mêmes hommes que l'on retrouve face à face – du moins au premier tour…

En 2007, la situation est inédite et propice à rendre confiance aux déçus des deux bords. Elle opère un basculement générationnel dans la classe politique, un renouvellement potentiel en termes de genre, et propose des candidats tous dotés de caractères hors du commun.

Les grands candidats qui s'affrontent ont en effet entre cinquante et cinquante-cinq ans. Ils symbolisent et projettent la vision attendue d'un président actif et non arbitre ou « au-dessus de la mêlée ». Ils incarnent une sorte d'âge moyen idéal pour un président plus moderne et, surtout, plus proche de ce que vivent les Français dans leur univers professionnel quotidien.

Parmi eux et pour la première fois dans l'histoire de notre pays, une femme est en position de devenir présidente de la République. C'est totalement inédit.

Bref, tout concourt à faire de cette élection une occasion inespérée de recréer parmi les Français de l'envie, du désir, une forte espérance dans la politique.

La désillusion n'en sera que plus rude. Symbolisée successivement par le nouvel élu, Nicolas Sarkozy, et par son successeur, François Hollande. Les deux coaccoucheurs de la PRAF-attitude.

Nicolas Sarkozy, tout d'abord. Rarement un président aura été plus haï et finalement aussi rejeté que lui.

À cela on peut trouver de nombreuses raisons, fondées ou non, justes ou injustes, peu importe, mais partagées par des millions de Français.

Dès la fin de l'année 2007, soit un peu plus de six mois après son élection, la cote de popularité du président s'effondre. Les milieux populaires notamment, qui avaient tellement cru au candidat de la « valeur travail », au défenseur de la rupture qui paraissait avoir si bien compris leur quotidien, au champion qui avait promis d'aller chercher la croissance « avec les dents », de favoriser leur pouvoir d'achat, de faire reculer l'insécurité et l'immigration clandestine, et avait déclaré que « les salaires étaient trop bas en France », tous ceux-là se sentent trahis, floués, abandonnés. Le bouclier fiscal et une réponse lapidaire lors de la conférence de presse de janvier 2008 – « Qu'est-ce que vous attendez de moi ? Que je vide des caisses déjà vides ? » – sont passés par là.

Le candidat avait promis du résultat ? Il est rattrapé par la crise du résultat. Il était le chantre du volontarisme ? Il apparaît désinvolte. Et cela bien avant la crise de 2008 ! Certes, celle-ci n'a pas aidé mais la rupture avec les Français lui est antérieure de plus de huit mois.

Non seulement les résultats ne sont pas là, mais à cela s'ajoute une façon d'exercer la fonction présidentielle jugée peu digne, avec des symboles destructeurs, dont la croisière de quelques jours sur le yacht d'un milliardaire n'est qu'un exemple ; une mise en scène de la vie privée perçue comme trop indécente, dont l'étonnant : « Carla et moi, c'est du sérieux » énoncé en pleine conférence de presse ; la personnalité d'un chef d'État qui hérisse, voire révulse de nombreux Français, tant elle est marquée par l'exaltation permanente de la force et la volonté de dominer l'autre ; le sentiment enfin que le président clive exagérément la société française et la met sous tension. Tout cela se combinant avec une omniprésence médiatique de Nicolas Sarkozy, toujours et partout en première ligne, ne laissant aucun espace à son Premier ministre, qualifié par lui de « collaborateur », ni aux membres du gouvernement.

Le rejet qui s'est ainsi construit, d'une exceptionnelle intensité, va alors s'emballer. Dans les médias, c'est le Sarko-bashing. Et dans les études qualitatives réalisées auprès des Français, on ne rejette pas seulement Nicolas Sarkozy, on l'exècre littéralement.

Les Français sont ainsi passés du désir extrême à la haine extrême et le résultat est d'une violence inédite.

La situation ne s'améliore guère avec François Hollande. Rarement un président aura été plus moqué puis finalement ignoré et rejeté que celui-ci.

Dès l'été 2012, à peine trois mois après son élection, sa cote de popularité, moins forte que celle de Nicolas Sarkozy à ses débuts, reflue brutalement. Face à la rafale de plans sociaux, dont celui de l'emblématique Peugeot, l'exécutif donne le sentiment de minimiser les choses, de ne pas prendre la mesure de la situation. Bref, de ne pas être à la hauteur, ou de refuser de dire la vérité. Avec la refiscalisation des heures supplémentaires et l'augmentation drastique de la fiscalité en général, la cassure entre les Français et leur président est encore plus rapide et plus brutale que pour Nicolas Sarkozy.

Le Hollande-bashing se met en place dès le mois d'août 2012. Il va s'appuyer sur l'ambiguïté d'une campagne présidentielle où se conjuguèrent des promesses parfois vagues et surtout potentiellement contradictoires, des ambiguïtés jamais totalement levées et des décisions encore moins expliquées, qui donnent aux Français le sentiment d'un reniement permanent, quel que soit le tour pris par l'action gouvernementale. Une impression qui persiste jusqu'au tournant de 2014 et ne s'effacera jamais tout à fait.

La personnalité de François Hollande est également rejetée, mais dans un registre inverse de celui de Nicolas Sarkozy : on lui reproche une incapacité à trancher (symbolisée par l'affaire Leonarda) et une recherche permanente du compromis, même si l'on reconnaît sa détermination dans certains domaines (mariage pour tous, réforme territoriale, loi dite « El Khomri »...). Pardessus tout, on déplore son incapacité à dire vers quoi il entraîne le pays, avec qui et pourquoi.

Enfin, contraire à la promesse du candidat d'exercer une présidence digne et exemplaire, la vie sentimentale du chef de l'État s'étale à la une de *Closer* et le livre ravageur de son ex-compagne, *Merci pour ce moment*, fait les délices de ses contempteurs du président.

Certes, ce sont là des images subies et non voulues mais qui fait la différence ? Trop de normalité... pas assez d'autorité !

Malgré une gestion de la situation appréciée et saluée après les attentats terroristes de 2015 et l'engagement au Mali, le procès en illégitimité et en incompétence du président, amorcé dès les premiers jours de son mandat, s'installera durablement. Le tout sur fond d'une promesse réitérée et perçue comme peu crédible : l'inversion de la courbe du chômage.

Là encore, comme pour Nicolas Sarkozy, la défiance naît d'une crise du résultat combinée à un mode d'exercice de la fonction présidentielle rejeté. En revanche, dans le cas de François Hollande, il s'agit moins de haine que d'une indifférence grandissante, comme si l'incarnation manquait jusqu'au renoncement final.

Ce double rejet intervient au sein d'une alternance politique hélas parfaite.

Jamais, en effet, depuis le début de la Ve République, soit depuis cinquante-huit ans, le pays n'avait vécu un passage de relais entre gauche et droite non entravé par la cohabitation. De 2007 à 2017, les Français expérimentent ainsi pour la première fois *un vrai quinquennat de droite*, celui de Nicolas Sarkozy, suivi d'*un vrai quinquennat de gauche*, celui de François Hollande.

Or, ces dix années sont marquées par autant de fiascos, alors que droite et gauche ont eu chacune tous les pouvoirs. Cette fois-ci, il n'y a pas eu de cohabitation pour expliquer les échecs, et les présidents et Premiers ministres n'ont pas été « empêchés » d'agir. Échec sur la question-clé du chômage, sur celles de la sécurité et de l'identité. Échec dans les deux cas sur le mode de gouvernance. Inquiétudes sur la question des migrants. Angoisses et horreurs nouvelles liées aux attentats terroristes. À chaque fois, le bilan est jugé négativement. De manière massive. Dans les deux cas, l'effondrement de la cote de popularité est vertigineux.

Ces dix années expliquent en grande partie la fulgurante progression du Front national.

Mais ces dix années sont aussi celles d'une autre secousse, plus souterraine certes mais tout aussi importante que la poussée frontiste : la naissance dans l'opinion du « plus-rien-à-faire » vis-à-vis de la politique.

Oui, les « PRAFistes » sont bien les enfants de ce double quinquennat raté. Les enfants de ce couple improbable, François Hollande et Nicolas Sarkozy, si différents l'un de l'autre, si opposés et en même temps si unis – au-delà du mépris qu'ils se portent mutuellement –, par des intérêts communs. Un couple dont le second fut tant moqué et le premier tant haï, pour finalement donner le sentiment que ni la droite ni la gauche ne parvenaient à changer véritablement les choses.

« Ensemble, tout devient possible », déclara Sarkozy. « Le changement, c'est maintenant », répondit Hollande. Magnifiques slogans, terribles désillusions !

Certes, chacun a conservé son carré de fidèles, son « club des fans », voire ses partisans enragés. Mais l'enjeu n'est pas là. Le constat est qu'après avoir cru en leurs dirigeants jusqu'en 1981, après avoir été déçus de 1981 à 2007, avant d'y croire à nouveau, nos deux derniers présidents ont enfanté un nouveau rapport des Français à la politique. Une attitude a germé qui s'est amplifiée. Cette attitude, c'est celle du : « Non, là, vraiment, vous comprenez, plus rien à foutre de la politique et de tous ces gens. »

Un dépit profond de Français qui pourtant ont aimé – et, pour certains, continuent à aimer – la politique, mais sont dégoûtés de ce qu'elle est devenue.

Le jeudi 14 avril 2016, le président de la République est l'invité de la nouvelle grande émission politique de France 2, « Dialogues citoyens ». C'est en prime time. Il y a des Français comme on les aime pour interroger le chef de l'État. Leur profil a été scrupuleusement réfléchi, choisi, sélectionné. Une chef d'entreprise brillante et belle, faite pour tancer le chef de l'État, peut-on espérer à droite ; une mère, dont le fils devenu djihadiste est mort en combattant en Syrie, symbole du nouvel effroi français auquel chacun peut s'identifier ; un conducteur de bus idéal pour illustrer la dynamique du Front national : venu de la gauche, il a voté Sarkozy en 2007 pour rejoindre en 2012 Marine Le Pen à force de révolte et de colère ; un jeune blogueur enfin, issu de la diversité mais, pour ne pas sombrer dans des stéréotypes éculés, étudiant en école de commerce et révélé par son blog et sa participation à Nuit debout. Et puis il y a de nouveaux journalistes pour l'occasion, Léa Salamé et Karim Rissouli. Bref, on n'a pas lésiné sur les moyens pour capter l'opinion. Résultat ? 3,5 millions de téléspectateurs là où François Hollande en attirait 7 à 8 millions précédemment. Une perte de plus de la moitié. Un « plus-rien-à-foutre » en pleine expansion.

Comment en est-on arrivé là ? Dix ans de déception ne peuvent à eux seuls tout expliquer.

Le mal, l'amertume, la désillusion, viennent à l'évidence de plus loin. C'est un ébranlement démocratique profond qui se joue dans notre pays.

En 2016, on a cherché à mettre des rustines pour camoufler le malaise, l'atténuer, occulter ce qui se voit pourtant comme le nez au milieu de la figure : pour cette présidentielle, les acteurs sont les mêmes ou presque que lors de la dernière et semblent beaucoup plus usés. Ils ont soixante ans ou plus. Pour Juppé, Sarkozy, Fillon, Bayrou, Hollande, Mélenchon, c'est la dernière campagne, qu'ils soient eux-mêmes candidats ou simples soutiens. Certes, des jeunes – d'ailleurs pas si jeunes – se bousculent à la porte : Bruno Le Maire, Nathalie Kosciusko-Morizet, Jean-François Copé, Emmanuel Macron, Manuel Valls, Arnaud Montebourg pour ne citer qu'eux… Mais cela ne change rien au fait que le système apparaît verrouillé de toute part.

À droite, la primaire, censée apporter une bouffée d'air frais, a drainé un collège électoral de vieux, que dis-je, de vétérans : 70 % des quatre millions de Français qui ont voté à la primaire de la droite et du centre ont plus de cinquante ans. C'est vingt points de plus que dans la société française ; 44 %, presque un sur deux, ont plus de soixante-cinq ans et 52 % sont des retraités ! Ce collège électoral-là ne cherche pas le renouvellement. Il veut de la réassurance, de la sécurité, de l'ordre, de l'expérience, du redressement économique et de la sagesse. C'est très largement un collège de retraités et de retraités aisés : 41 % ont dans leur foyer des revenus mensuels nets supérieurs à 3 500 euros, contre 26 % en moyenne dans le reste de la population.

Naturellement, ce collège est en soi tout à fait respectable. Et même d'autant plus respectable qu'il a eu l'immense mérite de se mobiliser pour aller voter. Mais il n'en reste pas moins qu'il est largement décalé par rapport à l'ensemble de la population. Il a choisi François Fillon et ce dernier aura la lourde tâche de le respecter tout en cherchant à convaincre bien au-delà. Cela est loin d'être acquis.

À gauche, le corps électoral de la primaire annoncée pour janvier 2017 est un peu moins caricatural, mais lui aussi d'un âge élevé et d'un niveau de vie plus aisé que la moyenne générale des Français. Rien d'enthousiasmant par conséquent. Et l'on redoute plutôt d'assister à un déferlement d'invectives ou de critiques de la part des opposants à la ligne présidentielle qu'à voir surgir un souffle puissant de renouvellement et d'innovation.

Quant aux propositions des candidats de droite enfin, rien à voir là non plus avec l'élan de 2007. De ce côté-là également, un air de déjà-vu, de déjà entendu, même s'il est davantage question de libéralisme économique et de sécurité. D'ailleurs, à droite, le débat se focalise moins sur les propositions elles-mêmes que sur la façon d'être sûr qu'elles seront appliquées et sur la méthode pour y parvenir.

À droite comme à gauche, les primaires ne changeront donc rien au malaise démocratique français et sont même susceptibles de l'amplifier. Cette prochaine présidentielle « ne sent pas bon » malgré un contexte dramatique qui devrait générer tout le contraire et inviter au rebond.

D'où vient alors cette inquiétude sourde, cette profonde lassitude qui s'empare d'une très grande partie du pays aujourd'hui et le mine, ce sentiment de n'en avoir « plus rien à faire », qu'on ne peut plus y croire, que tout serait vain et voué à l'échec à force de ne plus être entendu ni écouté ? Après les symptômes et les causes récentes, il faut examiner les causes plus profondes de la PRAF-attitude : l'effondrement de la morale traditionnelle et la crise de l'exemplarité.

2

Les racines du mal

La morale est un ensemble de valeurs qui construisent des liens entre les individus indépendamment de la logique d'intérêts. C'est cet ensemble, explicitement ou implicitement admis par une collectivité, qui participe de son identité, de ce qu'elle est mais aussi de ce qu'elle veut être.

Dans les *Fondements de la métaphysique des mœurs*, Kant a défendu l'idée d'un impératif catégorique dans ce domaine. Seules des actions qui obéiront à ce principe seront reconnues comme morales : « Agis uniquement d'après la maxime qui fait que tu peux aussi bien vouloir que cette maxime devienne une loi universelle[1]. » Ou encore : « Agis de telle sorte que tu traites l'humanité, aussi bien dans ta personne que dans tout autre, toujours en même temps comme une fin, et jamais simplement comme un moyen[2]. »

Chez Kant, l'impératif catégorique est donc lié à l'accomplissement du devoir : l'action juste est forcément

---

1. Emmanuel Kant, *Fondements de la métaphysique des mœurs*, Delagrave, 1980, p. 136.
2. *Ibid.*, p. 150.

gratuite et désintéressée. Ce qui compte, ce ne sont pas les conséquences mais les intentions. L'action juste renvoie aux motivations davantage qu'au résultat lui-même. L'une des difficultés majeures de la théorie kantienne est cependant qu'il est difficile de connaître toutes les motivations à l'origine d'un acte et encore plus difficile de savoir si elles sont vraiment désintéressées. De plus, si tant est qu'elles le soient, une autre question surgit, tout aussi redoutable, celle de la motivation à agir moralement. En effet, pourquoi le faire si le plaisir ou le bonheur n'en sont pas les moteurs ?

Enfin, contrairement à l'école dite des « utilitaristes », pour lesquels ce qui compte moralement, ce ne sont pas les intentions ou les grands principes mais les conséquences positives ou négatives de nos actions sur le plus grand nombre, l'application littérale du kantisme signifie qu'il faudrait refuser de mentir même à un ennemi qui viendrait chercher, pour le tuer, un ami caché chez vous. Ce qui faisait dire à Charles Péguy que « le kantisme a les mains pures, mais il n'a pas de mains » pour mieux en dénoncer la capacité ou, plutôt, l'incapacité pratique. Pour être toutefois exact, Kant lui-même soulignait combien il était possible qu'aucune action morale, c'est-à-dire totalement désintéressée, n'ait jamais vu le jour…

Pourquoi évoquer Emmanuel Kant au regard de ce qui nous intéresse ici ?

Parce que, malgré toutes les limites du rigorisme kantien, cette recherche de ce qui pourrait fournir les bases d'une métaphysique des mœurs part d'une intuition profonde et en réalité communément partagée : le *désintéressement.*

Sans doute les Français n'ont-ils pas tous lu les *Fondements de la métaphysique des mœurs*, mais ils s'accordent sur l'idée que si nous fonctionnons collectivement autour de l'intérêt et de l'intérêt seul, toute morale s'efface. Or, ce que nous vivons aujourd'hui dans notre société n'est autre que le triomphe de l'intérêt au détriment de la morale traditionnelle, du moins au sens kantien du terme.

La PRAF-attitude est donc une réaction profonde et puissante à ce cynisme ambiant, ou à ce qui est perçu comme tel. En ce sens, elle est un contre-cynisme.

Ce que rejettent les PRAFistes, c'est d'abord la *marchandisation* de la société, phénomène qui consiste à ne plus voir dans les individus des personnes ou des citoyens mais uniquement des consommateurs avec lesquels on opère des transactions. C'est le rejet d'une société de plus en plus exclusivement tendue vers ce seul objectif, consommer et inciter à consommer. Avec son corollaire : l'explosion des dépenses de publicité et de marketing, la nécessité d'accélérer en permanence le renouvellement du désir et des tendances, l'impératif absolu de rendre obsolète ce qui était hier considéré comme le « must » pour faire tourner la machine toujours plus vite et toujours plus fort. Et tant pis si cela engendre du gâchis en même temps qu'une détérioration sans précédent de l'environnement.

Dans sa forme extrême et répétée, la PRAF-attitude s'inscrit en réaction contre l'« esprit de marque », ce sésame agrégateur de valeurs, de services, de produits, d'expériences et de rencontres, et qui devient l'alpha et l'oméga de notre société dite « de consommation ». Une construction en grande partie virtuelle qui accompagne le quotidien de chacun d'entre nous d'une façon de plus en plus prégnante. Et qui vaut parfois des milliards d'euros !

L'absolu paradoxe de la marque, c'est le luxe, et plus encore, les produits dérivés du luxe, cet univers du beau dont le prix est d'une irrationalité totale : comment convaincre un individu d'acheter un parfum, un sac à main ou un costume plusieurs milliers d'euros alors même qu'il sait qu'il n'en a coûté que quelques dizaines ou centaines au plus ? Alors même qu'il sait que tout cela procède avant tout d'un marketing particulièrement poussé ?

Pour constater l'importance d'un tel phénomène ailleurs que dans le luxe et ses produits dérivés, il suffit de regarder une chambre d'enfant : les marques y sont absolument partout. La marque, et plus spécifiquement la marque mondiale, est plus que jamais le signe d'une société orientée vers les valeurs marchandes. Son objectif ultime, quoi qu'elle puisse en dire, est la maximisation du profit de l'industrie dont elle est le support et d'un intérêt privé, celui de l'actionnaire. Mais d'un actionnaire qui sait satisfaire le consommateur. C'est pourquoi le consommateur en raffole aussi souvent, sans être totalement dupe pour autant.

Dans cette évolution de la société, bien loin de la morale kantienne, l'avidité consommatrice est devenue un moteur essentiel et peut, par contrecoup, aller de la simple prise de distance au rejet profond d'une consommation compulsive. Nombreux sont les Français qui recherchent aujourd'hui un sens à leur vie ailleurs que dans la seule satisfaction de tels besoins, réaction que savent parfaitement gérer les marques, au demeurant, en « surfant » sur ces nouvelles tendances.

En devenant toujours plus puissante, la marchandisation de la société a aussi formidablement accéléré l'individualisation qui était à sa source. En soi, celle-ci constitue un phénomène émancipateur. Pour définir ce qui est bien ou mal, les hommes ont peu à peu cessé de se conformer à ce qui leur était simplement dicté de l'extérieur par une autorité religieuse ou politique. Ces systèmes normatifs avaient cependant l'avantage, en fixant le cadre d'une morale, de définir aussi les conditions d'un épanouissement social ou personnel : on se réalisait très simplement en se conformant aux définitions officielles du bien et du mal, en les appliquant dans un système global où chacun avait sa place.

L'individualisation est ce retournement progressif qui fait que chacun est amené à définir et projeter ce qu'il considère comme le bien ou le mal.

Mais cette liberté a cependant un prix : la fatigue. Si nous inventons nos propres normes, il y a toujours à faire, à chercher, à douter. On n'a jamais cessé d'être un bon père ou une bonne mère, un bon manager, un bon mari, puisque aucune norme extérieure n'existe ni ne nous indique quand le but est atteint, comme le décrit fort bien le beau livre d'Alain Ehrenberg, *La Fatigue d'être soi*[1].

Comment concilier, ceci étant, une société d'individus de plus en plus émancipés avec les règles et les contraintes d'un système économique qui vise à créer toujours plus de richesse ?

1. Alain Ehrenberg, *La Fatigue d'être soi. Dépression et société*, Odile Jacob, 2000.

Comment produire de manière efficace, rentable et *massive* dans une société atomisée d'individus n'obéissant qu'à leurs propres normes ? Comment gérer une telle *diversité* potentielle, une telle *fragmentation* individuelle et refabriquer de l'unité ?

À cette question essentielle, la société de consommation apporte elle-même une réponse. Et elle est tout à fait géniale : il suffit de remettre les individus au cœur de tout en leur faisant croire que tout ce qui est fait l'est précisément pour eux, pour permettre à chacun de s'épanouir comme il l'entend, en respectant ses choix, sa liberté, ses aspirations les plus intimes, en l'accompagnant (et surtout pas en le forçant !), en l'incitant (mais si peu et si subtilement), en le faisant avec le petit clin d'œil et la complicité nécessaires, avec humour si cela aide (et ça aide !).

Bref, en fabriquant une formidable machine à flatter l'individu.

La publicité n'est pas avare de slogans à ce sujet : « Parce que vous le valez bien », « À ma guise », « Venez comme vous êtes », « Carrément vous », « Vous allez vous aimer ». Et, toujours plus fort : « Choisissez d'être qui vous voulez », où la promesse est celle de l'identité *sui generis* – la définition de Dieu – et pas seulement celle du désir satisfait.

Cette mise en scène permanente de l'individu se ramène à un message unique : *tu es la source de toute valeur, la valeur est chez toi, de ton côté, pas du côté de l'objet, de l'acte, de la relation ou de la motivation.*

Pourquoi en serait-il ainsi ? Pourquoi l'individu aurait-il une telle valeur avant même de s'exprimer et d'agir ? Mystère et peu importe : l'objectif est de réarticuler individualisme et consommation de masse.

Le problème, c'est qu'à force de le flatter en tous sens, l'individu a fini par croire qu'il était à lui seul la source de toute valeur.

Les conséquences de cette évolution sont innombrables : mise en scène de l'insignifiance, exaltation du narcissisme, délégitimation des experts, etc. Mais la première est de ruiner ce sur quoi la morale traditionnelle était assise.

Le malaise ambiant, dont le PRAF est une expression parmi d'autres, est donc une réaction contre cette dérive toujours plus puissante d'une société d'hyperconsommation, où l'être humain est traité selon une logique d'intérêt pur qui conduit à tous les débordements et toutes les indécences. Une société où il devient de plus en plus difficile de trouver des modèles d'exemplarité fondés sur des valeurs. Quelles valeurs ?

Le travail ? Celui-ci n'en est pas une. Le travail est une activité produisant des situations qui peuvent être positives (intégration, réalisation, fierté…) ou négatives (usure, ennui, fatigue, aliénation…). Il n'est en revanche pas une valeur en soi, quand bien même cette activité serait particulièrement « valorisée ». Et elle l'est dans notre société.

Le mérite ? Pour un Français sur deux, les dés sont pipés : la réussite dépend davantage des relations qu'elle n'est due aux diplômes et au travail. Terrible constat.

La justice sociale ? Elle est prise en étau entre, d'un côté, le sentiment d'un développement constant de l'« assistanat » (où ceux qui travaillent vraiment ne seraient pas récompensés à la hauteur de leurs efforts par rapport à ceux qui vivent de la solidarité nationale) et, de l'autre, l'augmentation des inégalités.

Le débat sur l'échelle des salaires en France est extrêmement révélateur de la perte de tout repère dans ce domaine. Que l'on ne sache plus très bien aujourd'hui s'il faut établir un rapport de 1 à 100, de 1 à 50 ou de 1 à 20 entre les plus bas et les plus hauts salaires, si des « bonus » de 5, de 7 ou de 20 millions d'euros accordés à des chefs d'entreprise ou des sportifs sont mérités ou non, prouve qu'il n'y a plus sur ces sujets ni décence ni retenue dans notre société. L'impossibilité de savoir de manière évidente et *immédiate* ce qui est juste et ce qui ne l'est pas démontre à quel point toute morale s'est effondrée.

En définitive, il devient très difficile de délimiter son périmètre dans une société qui a fait de l'individu et de l'intérêt ses substrats essentiels.

Les Français le savent ou le pressentent. Ils voient bien que les groupes sociaux font sécession pour se retrouver dans un entre-soi toujours plus important.

Les PRAFistes sont de ceux qui ne s'y résolvent pas. En mal de vertu, ils sont en quête de leaders censés incarner une morale. Pourquoi ? À défaut de voir des valeurs communes transcender l'individualisme ambiant, ils cherchent des icônes éclairantes, des référents exemplaires, et se heurtent à autant de déconvenues.

Qu'il s'agisse des leaders politiques, de grands industriels, d'artistes ou de sportifs de haut niveau, aucun visage ne s'impose comme une véritable référence. Pire encore, beaucoup de ceux qui « font l'actualité » sont devenus des contre-modèles : après avoir suscité l'admiration, ils ont révélé une part obscure d'eux-mêmes, une absence totale de moralité, un appétit d'argent souvent effréné, une indécence et un cynisme à tout le moins évidents. Dominique Strauss-Kahn, Jérôme Cahuzac,

Patrick Balkany mais aussi Bernard Tapie font partie de cette triste litanie dans l'univers politique. Jacques Servier et son Mediator auront laissé une image terrible pour les entreprises du médicament. En matière d'exemplarité, le « coup de boule » de Zidane, idole des plus jeunes, ne fut pas non plus une grande et belle réussite. Pas plus, pour citer d'autres sportifs célèbres, que les relations d'un Ribéry avec la gent féminine ou le comportement d'un Nikola Karabatic ou d'un Richard Virenque.

Aucune grande figure morale ne s'impose aujourd'hui dans le monde. C'est ce qui explique l'extraordinaire émotion suscitée par la mort de Nelson Mandela le 5 décembre 2013. On ne peut la comprendre si l'on méconnaît l'importance de ce sentiment d'une crise de la vertu publique, comme si, avec Mandela, s'était éteint le dernier grand de l'histoire contemporaine.

Les PRAFistes sont des orphelins de la vertu publique, des contre-cyniques qui n'en ont « plus rien à faire », en effet, de ces leaders ou célébrités qui symbolisent l'amoralisme ambiant.

Ils se détachent de la politique parce que celle-ci non seulement ne parvient pas à transformer une société individualiste en restaurant ses normes et ses valeurs, mais, pire encore, participe de cette dégradation et l'illustre totalement. C'est en ce sens que, pour eux, la politique a abdiqué ses devoirs. En chaque Français ou presque sommeille ainsi aujourd'hui un PRAFiste plus ou moins affirmé, qui ne se reconnaît plus dans le fonctionnement de cette société, s'en détache et se montre même désireux de rompre avec elle de manière plus radicale encore.

En 2012, le candidat Hollande avait précisément su capter cette demande de vertu et, du coup, rallier bon nombre de PRAFistes potentiels. Sa victoire est, à l'époque, bien plus morale que fondée sur un programme politique. Elle s'oppose à l'obsession du résultat qui anime Nicolas Sarkozy, le président sortant.

Ce dernier entend, quant à lui, réhabiliter l'idée de réussite en France. Il pense sincèrement et profondément que le rapport critique des Français envers l'argent et la réussite matérielle est un problème pour notre pays. Son « parler cash », sa façon de s'exprimer, de dénoncer ce qu'il pense être une hypocrisie – par exemple l'idée que le président n'est plus issu d'une famille politique dès lors qu'il accède à la fonction première et qu'il ne doit donc pas recevoir des parlementaires de son camp à l'Élysée –, relèvent d'une philosophie orientée tout entière vers l'action et le résultat. Il se veut direct, transparent, efficace, voire brutal. C'est sa morale à lui. Ou ce qu'il pense être moral.

Nicolas Sarkozy, comme d'autres, mais lui plus encore que tous les autres, est un leader utilitariste, enfermé dans cette conviction que le résultat est la seule chose qui compte vraiment. Que les Français se fichent de la forme et des moyens. Bien plus, qu'ils lui seront reconnaissants d'avoir sorti le pays d'une morale désuète, hypocrite, bridant précisément l'action et le résultat. D'avoir su instaurer un style direct, puissant, au risque d'être méprisant.

Quelle erreur !

D'abord parce que les résultats ne seront pas au rendez-vous. Ensuite, parce que s'il y a un peuple attentif à la forme et, plus encore, à l'esprit, ce sont bien les Français, cartésiens par essence.

Curieusement, Nicolas Sarkozy le sentira très brièvement. Lors de sa conférence de presse du 8 janvier 2008, il évoquera à quarante et une reprises le concept, emprunté à Edgar Morin, de « politique de civilisation ». Mais cette inflexion, chez lui opportuniste et éphémère, qui aurait pu modifier la physionomie de son quinquennat, ne sera jamais suivie d'effet. La matrice du sarkozysme est tout autre en réalité.

François Hollande pourra donc enfoncer le clou.

Le 2 mai 2012, lors du débat de l'entre-deux-tours de l'élection présidentielle, il lance sa célèbre anaphore « Moi président de la République » prononcée quinze fois de suite. À l'exception d'une d'entre elles, celle qui concerne la décentralisation, il s'agit d'un procès en règle de Nicolas Sarkozy totalement articulé autour de la question de la morale et de la vertu publique. Et qui sonne juste.

Le président sortant en reste sans voix et n'interrompt pas son rival. Hollande a mis le doigt sur le sujet central qu'attend le pays, l'exemplarité :

« Je veux être un président qui d'abord respecte les Français, qui les considère. Un président qui ne veut pas être président de tout, chef de tout et en définitive responsable de rien.

Moi président de la République, je ne serai pas le chef de la majorité, je ne recevrai pas les parlementaires de la majorité à l'Élysée.

Moi président de la République, je ne traiterai pas mon Premier ministre de "collaborateur".

Moi président de la République, je ne participerai pas à des collectes de fonds pour mon propre parti, dans un hôtel parisien.

Moi président de la République, je ferai fonctionner la justice de manière indépendante, je ne nommerai pas les membres du parquet alors que l'avis du Conseil supérieur de la magistrature n'a pas été dans ce sens.

Moi président de la République, je n'aurai pas la prétention de nommer les directeurs des chaînes de télévision publique, je laisserai ça à des instances indépendantes.

Moi président de la République, je ferai en sorte que mon comportement soit en chaque instant exemplaire.

Moi président de la République, j'aurai aussi à cœur de ne pas avoir un statut pénal du chef de l'État ; je le ferai réformer, de façon à ce que si des actes antérieurs à ma prise de fonction venaient à être contestés, je puisse dans certaines conditions me rendre à la convocation de tel ou tel magistrat ou m'expliquer devant un certain nombre d'instances.

Moi président de la République, je constituerai un gouvernement qui sera paritaire, autant de femmes que d'hommes.

Moi président de la République, il y aura un code de déontologie pour les ministres, qui ne pourraient pas rentrer dans un conflit d'intérêts.

Moi président de la République, les ministres ne pourront pas cumuler leur fonction avec un mandat local, parce que je considère qu'ils devraient se consacrer pleinement à leur tâche.

Moi président de la République, je ferai un acte de décentralisation, parce que je pense que les collectivités locales ont besoin d'un nouveau souffle, de nouvelles compétences, de nouvelles libertés.

Moi président de la République, je ferai en sorte que les partenaires sociaux puissent être considérés, aussi bien les organisations professionnelles que les syndicats, et que nous puissions avoir régulièrement une discussion pour savoir ce qui relève de la loi, ce qui relève de la négociation.

Moi président de la République, j'engagerai de grands débats, on a évoqué celui de l'énergie, et il est légitime qu'il puisse y avoir sur ces questions-là de grands débats citoyens.

Moi président de la République, j'introduirai la représentation proportionnelle pour les élections législatives, pour les élections non pas de 2012, mais celles de 2017, car je pense qu'il est bon que l'ensemble des sensibilités politiques soient représentées.

Moi président de la République, j'essaierai d'avoir de la hauteur de vue, pour fixer les grandes orientations, les grandes impulsions, mais en même temps je ne m'occuperai pas de tout, et j'aurai toujours le souci de la proximité avec les Français. »

Et il termine cette séquence en justifiant ainsi l'un de ses slogans de campagne, « la présidence normale » :

« J'avais évoqué une présidence normale. Rien n'est normal quand on est président de la République, puisque les conditions sont exceptionnelles, le monde traverse une crise majeure, en tout cas l'Europe. Il y a des conflits dans le monde, sur la planète, les enjeux de l'environnement, du réchauffement climatique : bien sûr que le président doit être à la hauteur de ces sujets-là, mais il doit aussi être proche du peuple, être capable de le comprendre. »

En 2017, et même si de nombreux engagements parmi ceux-là ont été tenus, d'autres événements sont venus disqualifier cet ascendant moral que le candidat Hollande avait pris sur son rival. L'affaire Cahuzac d'abord. La vie privée du président ensuite. Ses conversations parfois stupéfiantes avec des journalistes. Pour ne citer que quelques exemples.

La chute et la désillusion n'en sont que plus rudes. Aujourd'hui, cinq ans après son élection, plus que jamais, les Français sont orphelins de vertu en politique. Et François Hollande, s'il avait été candidat, aurait eu beaucoup de mal à reconquérir et séduire les PRAFistes, comme il le fit en 2012.

3

Les mutations de l'information

L'évolution de l'information est au cœur de la PRAF-attitude. Elle renvoie aux réseaux sociaux, à la fragmentation de l'audience, au racolage informationnel et, enfin, aux sondages d'opinion et à leur dévoiement parfois.

Il n'y a pas *les* réseaux sociaux, mais *des* réseaux sociaux. Chacun a son mode de fonctionnement propre, son intérêt et ses limites, ses adeptes et ses publics selon la condition sociale, l'âge, l'usage qu'on en fait. Chacun renvoie à un code où le pire côtoie le meilleur.

Twitter est un formidable outil de libération qui a joué un rôle central dans des soulèvements populaires, comme ceux de la Tunisie. Durant les attentats de 2015 à Paris, il a aussi permis d'échanger des informations extrêmement utiles en temps réel. C'est également une « pige » parfois passionnante d'articles ou de faits signalés, que l'on n'aurait pas forcément vus sans cette communauté.

Mais Twitter est aussi un espace de confrontation violente, d'invective et de haine, de bêtise absolue, où penser en cent quarante caractères n'aboutit à rien d'autre qu'à la caricature la plus épaisse de la pensée.

Facebook, utilisé par plus d'un Français sur deux, permet de partager des contenus entre personnes proches mais aussi, et de plus en plus, offre un moyen rapide et facile d'acheter, de consommer, de se divertir à partir de son propre portail.

Instagram est une façon simple de capturer et de partager les instants de la vie.

On pourrait multiplier les exemples en rappelant chaque fois ce que chaque réseau social apporte : LinkedIn, Google +, Myspace, Tumblr, etc., tous multiplient les possibilités d'échanges, de rencontres, de voyages, de consommation.

Ces outils créent des opportunités et sont en train de fabriquer une révolution de l'économie et un bouleversement de la chaîne de valeurs dont les chefs d'entreprise français n'ont d'ailleurs pas totalement conscience et sous-estiment la portée. Ils sont, en outre, vecteurs de progrès et de liberté.

Mais, dans ce qui nous intéresse ici et qui n'est pas la question économique, ces réseaux, au-delà de leurs différences et de leurs attraits, ont un autre point commun. Dans une société marquée par le primat de l'intérêt privé sur la vertu collective, de l'individualisation accélérée et de la marchandisation triomphante, ce sont autant d'incubateurs voués à amplifier et transformer le statut du sujet lui-même.

Ils donnent en effet à chacun la possibilité d'être son propre média, de parler et d'avoir un public, de se mettre en scène.

Cette souveraineté du « people » où des personnages insignifiants peuvent devenir, en très peu de temps, des idoles incontournables, selon la pénétrante analyse de Guillaume Erner[1], où ni qualité, ni compétence, ni mérite ou talent spécifique n'est exigé pour devenir célèbre, est en soi une révolution illustrant combien la technologie joue un rôle majeur dans l'évolution des représentations et de la pensée.

Au XVIe siècle, dans l'Europe de la Renaissance, le miroir, qui était jusqu'alors un objet rare parce que difficile à fabriquer, réservé aux riches et aux puissants, tend à se démocratiser. Sa production augmente, il s'échange et devient accessible à une élite plus large. Il devient alors l'expression de la conscience réflexive, où chaque individu peut se voir, s'appréhender concrètement comme une totalité organique unique, un sujet à part entière.

Ce n'est certes pas le miroir qui à lui seul a généré, un siècle plus tard, la révolution cartésienne et son *Cogito ergo sum*, lequel marque l'avènement du sujet en tant que tel. Mais sa diffusion et sa démocratisation ont incontestablement participé aux conditions d'émergence d'une pensée du sujet.

Aujourd'hui, les réseaux sociaux jouent un rôle analogue mais avec une puissance et une rapidité sans commune mesure.

Le fait central est bien le primat, grâce aux smartphones, de la photo et de l'image. Il s'agit avant tout de montrer à d'autres ce que l'on fait, où on le fait, comment, avec qui et pourquoi on le fait, et de se prendre ou de se faire prendre en photo, seul ou avec d'autres – mais c'est encore mieux si ces autres sont des stars. Bref, de se montrer et de

1. Guillaume Erner, *La Souveraineté du people*, Gallimard, collection « Le Débat », 2016.

signifier prioritairement : « Regardez, je suis là ; regardez-moi. »

La mise en scène de soi-même, de sa famille, de ses loisirs, de ses vacances, de ses émotions, fait que l'objet du sujet devient le sujet lui-même. On ne saurait donner meilleure définition du narcissisme, en passant du *Cogito ergo sum* au « Je selfie donc je suis » !

Cette tendance profonde, amplifiée par les réseaux sociaux et la technologie, a trois conséquences majeures qui perturbent tout particulièrement nos PRAFistes. L'indécence, l'insignifiance et la violence.

L'indécence d'abord, car il n'y a aucune limite a priori à sa propre mise en scène, au fait de partager son intimité, de la donner à voir et, en fin de compte, de la nier en tant que telle.

Où s'arrêter ? Qu'est-ce qui est légitime et qu'est-ce qui ne l'est pas ? Suis-je indécent quand je partage mes photos de vacances avec une communauté élargie ? Ou quand je poste un selfie où l'on me voit embrasser fougueusement ma femme… ou celle d'un autre ? Certes, cela dépend tout autant de la nature des photos en question que de la communauté à qui elles sont destinées et du lien de proximité que j'entretiens avec ses membres, mais la frontière n'est pas facile à tracer. Or, et c'est toute la différence avec le « monde d'avant », dans ces réseaux sociaux où chacun poste des éléments de lui-même, on entre en réalité en concurrence avec les autres.

Pour marquer les esprits, pour se singulariser, il faut ainsi parvenir à se différencier. Pour devenir soi-même un people, être reconnu, exister, il faut appuyer plus fort, voire provoquer.

Dès lors, le contrôle social, la norme implicitement intériorisée de « ce qui se fait et ce qui ne se fait pas » a tendance à mécaniquement et inéluctablement reculer.

Quand on est dans l'« intime ôté[1] », la transparence n'est plus que le paravent de l'indécence.

L'insignifiance ensuite. Dans ce système marchandisé où l'individu est hypervalorisé, on ne *dialogue* plus avec les autres, mais on *entre en conversation*, on *converse.* « Converser » est le terme utilisé par les réseaux sociaux et il est juste. *Dialoguer*, c'est, selon le *Larousse,* « s'exprimer, à deux ou à plusieurs personnes, sur un sujet précis ». *Converser*, c'est « échanger des propos entre plusieurs personnes sur un ton généralement familier ».

La nuance n'est pas si ténue qu'elle en a l'air : elle correspond à un changement de paradigme absolu.

L'« échange de propos » nous installe dans une forme de généralité soft : il ne s'agit pas d'argumenter, de creuser et encore moins de s'opposer ou de se confronter, mais d'« échanger ». Échanger, c'est partager sans nécessairement convaincre ni vouloir convaincre. Il n'y a d'ailleurs pas de fin dans l'échange, on peut échanger à l'infini ; il n'y a pas de gagnant ni de perdant non plus.

Tout cela, toutes ces « conversations » ou tous ces échanges produisent un espace relationnel confortable, où l'on évite, voire expulse la violence, le conflit, l'antagonisme et la conviction. Mais dont le corollaire est une faible production de contenu et de sens.

Par ailleurs, si converser, c'est échanger sur « un ton familier », la forme même de ces échanges nous

1. L'expression est de Jean-Marc Lech, coprésident d'Ipsos, aujourd'hui décédé.

renseigne également sur la nature de la relation visée : les réseaux sociaux œuvrent dans l'horizontalité, l'absence de distance, de déférence ou de hiérarchie, en affinité, entre « amis » – autre terme générique des réseaux sociaux et sans doute le plus révélateur de l'inversion absolue du sens des mots.

Il s'agit d'échanger sur un mode relativement badin, dans la multi-appartenance à des communautés éphémères, affinitaires, peu engageantes et au bout du compte peu clivantes.

Les émotions donc, plutôt que la rationalité, mais les émotions douces. Pour cette raison, on échangera beaucoup par émoticônes aussi, pour signifier qu'on « like » ou qu'on « dislike », pour mettre un clin d'œil, un cœur ou, en cas de gros désaccord, un visage tout rouge. Le signe de la colère au pays des Bisounours !

Ce type de conversation est à l'opposé de toute pensée. Autant l'image entretient un lien direct et immédiat avec le réel et a pour finalité de le reproduire soit le plus fidèlement possible (c'est le rôle de la photo que de le saisir « en instantané », « tel qu'il est »), soit en jouant avec lui et en le déformant comme dans l'art, autant les mots, le langage, n'ont aucun rapport direct, immédiat, consubstantiel avec le réel.

C'est là justement toute la différence entre décrire et penser, reproduire et donner du sens, être dans l'instantané ou la médiation.

La pensée abstraite – un pléonasme en réalité – s'élabore dans et à travers les mots pour penser le réel. Elle a besoin d'eux. Pas de pensée sans mots. Pas de sens possible sans le langage et sans une élaboration qui prend du temps.

De ce point de vue, le mode de fonctionnement des réseaux sociaux est une anti-pensée. C'est une conversation, un partage, un échange, un bavardage qui n'est certes pas forcément dénué de tout intérêt mais qui porte peu de sens. Il est rarement marquant et plutôt insignifiant, au sens de « peu signifiant ». Ce n'est d'ailleurs pas sa vocation : les réseaux sociaux sont du côté de la relation beaucoup plus que de celui de la connaissance et du résultat, c'est tout.

De plus et par définition, le narcissisme et la mise en scène de soi tournent rapidement au solipsisme et à vide. Tous deux fonctionnent à faible contenu. Il faut donc un talent extraordinaire pour parvenir, dans ce système-là et a fortiori en cent quarante caractères, à produire de la pensée et du sens. Cela peut arriver parfois, mais reste exceptionnel.

La violence enfin est l'autre pente naturelle des réseaux sociaux, à l'opposé cette fois de la « conversation badine ». Elle est apparemment motivée par des convictions fortes et des systèmes de représentation ou de valeurs puissants.

En réalité, cette violence s'inscrit dans la logique même des deux tendances précédentes que sont l'indécence et l'insignifiance. Car la confrontation oppose alors frontalement des individus qui s'invectivent à distance, sans recourir à aucune forme d'argumentation.

Dès qu'il y a argumentation et langage articulé, la violence reflue. Tous les professionnels confrontés à des individus violents – gardiens de prison, policiers – le savent : le passage à l'acte brutal se produit quand la parole s'est épuisée.

Dans la violence des réseaux sociaux, il ne s'agit surtout pas de penser ; car penser, c'est prendre le risque de devoir, en se confrontant à l'autre et à ses arguments, peut-être changer d'avis. Penser, ce n'est pas s'attaquer au locuteur mais au contenu de ce qu'il exprime.

C'est donc, là encore, l'insignifiance qui domine. Cette insignifiance est simplement couplée à l'indécence, les deux fusionnant ici dans ce qu'il y a de pire : le crachat, la vocifération, l'invective, l'injure, la grossièreté appuyée et assumée, a fortiori quand elle s'exerce à distance. En un mot, la bêtise et la haine.

Pris en étau et en otages entre ces différentes tendances, de plus en plus de Français ont ainsi le sentiment d'une forme de vacuité et éprouvent un malaise prégnant, comme s'il était difficile de trouver sa place – et une place satisfaisante – entre des évolutions positives – l'individualisation est une libération, la consommation un bienfait, la technologie une aubaine – et leurs corollaires négatifs, qui vont de la marchandisation de la société à l'hypervalorisation du moi, avec ce qu'ils impliquent de perte de valeurs communes et d'effondrement de la morale.

La PRAF-attitude se nourrit bien évidemment de ce malaise, en interaction avec les réseaux sociaux. Mais elle le fait selon trois modalités différentes.

D'abord et tout simplement, la PRAF-attitude *s'exprime* sur ces réseaux sociaux qui lui offrent une possibilité inédite de prise de parole, mais aussi une occasion de perdurer et d'enfler. Ensuite, tout ce que véhiculent les réseaux sociaux la renforce, la nourrit, lui donne une légitimité accrue. Enfin, dans le même temps, la PRAF-attitude procède du rejet de tout ce que ces réseaux charrient de narcissisme et d'indécence à l'encontre, précisément, de la demande de sens, d'argumentation et, tout simplement, de retenue chère à de nombreux Français.

Toutefois, les mutations de l'information ne se réduisent pas à la seule question des réseaux sociaux. L'autre aspect du problème est la dilution des référentiels communs portés par l'information.

Être informé, c'est disposer d'un niveau de connaissance qui permet à tout un chacun d'appréhender la réalité du monde, de comprendre ce qui se passe ici et maintenant, et de prendre des décisions adéquates. L'information est un flux continu qu'il s'agit d'entretenir en permanence. Avec des informations obsolètes, on peut par exemple perdre une guerre, mais aussi, plus simplement, se retrouver rapidement dépassé par les événements.

L'information ne se confond pas pour autant avec la culture : on peut être très bien informé et parfaitement inculte. Elle ne suffit donc pas pour comprendre le monde. Mais elle est essentielle pour disposer de points de repère. Or, ce sont ces points de repère qui vont construire un espace où les individus peuvent échanger à partir d'un socle de références communes.

Tel est l'objectif premier et central de l'information, ce qui donne aux médias, ces producteurs d'informations accessibles au plus grand nombre, un rôle social et démocratique tout à fait essentiel, en permettant de construire un espace public de citoyens.

Mais ce référentiel est aujourd'hui menacé par la fragmentation des audiences.

En 2005, il y avait en France sept chaînes télévisées, le smartphone n'existait pas, ni les réseaux sociaux, ni les vidéos sur Internet. Un nombre restreint de médias se partageait des audiences importantes. L'une des conséquences, et non des moindres, était que tout le monde ou presque voyait et entendait peu ou prou la même chose, lecteurs, auditeurs ou téléspectateurs partageant des valeurs et des références communes.

Douze ans après, tout a radicalement changé. Il existe plus de soixante-dix chaînes télévisées accessibles via la TNT, 60 % des Français possèdent un smartphone, 35 % une tablette et trente millions d'entre eux sont sur Facebook. Conséquence : *les audiences sont fragmentées et l'attention devient de plus en plus sélective.*

Jusque-là, les intervenants qui « passaient » dans les médias se battaient pour être *crédibles* face à des récepteurs certes exigeants et méfiants, mais présents. Depuis la révolution de l'information, il s'agit de batailler pour s'insérer dans le quart d'heure de « cerveau disponible[1] » d'individus extrêmement dispersés, à l'attention restreinte.

Enfin et surtout, *le référentiel commun, ou ce qui en tenait lieu, se dissout chaque jour un peu plus : nous ne regardons plus, nous n'écoutons plus, nous ne lisons plus et nous ne partageons donc plus les mêmes données.*

1. Expression employée dès 2004 par Patrick Le Lay, alors président-directeur général de TF1, soulignant la difficulté à faire passer des messages publicitaires et explicitant en quoi la vocation de TF1 est de divertir le téléspectateur à cette fin : « Il y a beaucoup de façons de parler de la télévision. Mais dans une perspective "business", soyons réalistes : à la base, le métier de TF1, c'est d'aider Coca-Cola, par exemple, à vendre son produit [...]. Or pour qu'un message publicitaire soit perçu, il faut que le cerveau du téléspectateur soit disponible. Nos émissions ont pour vocation de le rendre disponible : c'est-à-dire de le divertir, de le détendre pour le préparer entre deux messages. Ce que nous vendons à Coca-Cola, c'est du temps de cerveau humain disponible. »

Bien au contraire, des communautés souvent ponctuelles se forment, qu'il s'agisse de jeunes, d'amateurs de cuisine, de pêche à la ligne, de musique, de sport, d'information, de voyage, de religion. Et à chaque communauté répond un média spécifique, lequel fabrique du contenu pour le public en question. Des publics de plus en plus compartimentés, qui se rencontrent de moins en moins, ont moins d'occasions d'échanger, de se confronter et de se comprendre.

Si nous en sommes là, c'est naturellement parce que la technologie l'a permis : fabriquer de l'information devient de plus en plus facile et coûte de moins en moins cher. Pour informer, plus n'est besoin d'avoir un réseau de correspondants partout dans le monde, des imprimeries lourdes ou un circuit de distribution important. Avec de bons satellites ou quelques individus qui, sur place, prennent des photos ou filment des événements via leurs smartphones, la fabrique de l'information, ou du moins d'un certain type d'information, est non seulement facilitée mais aussi rendue multiple, fluide, quasi permanente et instantanée. Sa diffusion également. Chacun ou presque est ainsi un émetteur possible.

Parallèlement à ces tendances lourdes, on assiste à une transformation profonde de la nature même de l'information.

Étant donné qu'il est devenu plus difficile d'éveiller et de conserver l'attention du public, les grands journaux d'information télévisés ont progressivement multiplié les sujets et ont modifié le contenu.

Entre 1974 et 2004, leur nombre a ainsi plus que doublé et leur durée s'est raccourcie, passant de trois à moins de deux minutes. Il y avait onze sujets dans le JT de 20 heures de TF1 du 1er février 1974, quatorze le 1er février 1989. À partir de 1994, il y en aura entre vingt et vingt-cinq !

Par ailleurs, au-delà de la multiplication des sujets qu'elle propose, l'information a également évolué dans son contenu : le miroir que tend le journal télévisé à la société est de plus en plus orienté vers les *faits divers* d'une part, la *consommation des Français* d'autre part.

À partir des années 2004-2005 et plus encore depuis deux ou trois ans, les JT comportent ainsi davantage de thèmes présentés comme des « enquêtes » ou des sujets appelés « magazines ».

Leur format est un peu plus long, mais le journal d'information devient chaque jour un peu plus un journal de la consommation des Français, avec pour contenu ce que nous mangeons, comment les crevettes sont pêchées ou les rouleaux de surimi fabriqués, les tendances en matière d'habillement et de soldes, l'essor de la téléphonie mobile, ce qu'elle coûte, les divertissements en vogue, les arnaques en tout genre, etc.

L'information devient ainsi le miroir de ce qu'est la société à travers ce qu'elle consomme et comment. Un miroir qui prétend décrypter et pas seulement décrire ou refléter. Essentiellement pour capter l'attention, en jouant toujours sur l'idée sous-jacente qu'on nous cache des choses, qu'on nous manipule, qu'il y a danger ou arnaque. Ce qui aboutit à diffuser une culture implicite de la vigilance et, plus que cela, de la méfiance.

Le consommateur défiant (loin du consommateur heureux des années 1960), évoluant habilement dans un monde immoral ou, a minima, amoral, puisqu'on cherche tout autant à le satisfaire qu'à l'exploiter, telle est la figure centrale qui se dégage du système d'information des années 2000.

Mais cette mise en scène de la société et de ce qu'elle donne à voir d'elle-même, cette fabrication puissante d'un référentiel orienté vers la consommation, fondé sur le nécessaire et constant travail de remodelage du désir pour en permettre la satisfaction a un énorme inconvénient : à force de remettre du charbon dans « la chaudière à chauffer le consommateur » et dans la volatilité de son désir, on crée un monde sans repère, qui donne le sentiment que tout change très vite. Et si tout change très vite, c'est que rien n'a de valeur en soi.

Si tout devient très vite obsolète, c'est bien la preuve que ce que l'on croyait acquis n'avait pas de substance véritable ni de valeur profonde. Si ce à quoi l'on croyait hier apparaît désormais relatif, c'est qu'il n'y a plus d'éléments structurants, de valeurs intemporelles auxquelles se raccrocher et susceptibles de créer un cadre solide. Il va donc falloir, impérativement, en recréer un. C'est le rôle de la tradition.

La tradition, c'est ce qui ne change pas, ce qui reste quand tout évolue. Dans un monde où les choses changeaient peu, sinon lentement, la tradition pouvait donner le sentiment de nous enfermer dans le passé, et le progrès de se construire contre elle, en s'arrachant à elle. Dans un monde marqué par un phénomène opposé, où le changement est permanent, où la fluidité, le mouvement, le désir renouvelé sont la règle, où tout semble de plus en plus liquide, la tradition est ce qui redonne du sens. *Elle apparaît porteuse d'une valeur profonde et c'est le progrès qui devient suspect.*

Qu'est-ce qui crée de la valeur ? Soit la rareté : un bien, un service, un savoir-faire ou une manière de se comporter sont à la fois exceptionnels et désirés par beaucoup. Ils prennent alors de la valeur. Soit la constance : les mêmes données sont immuables, elles ne varient pas dans le temps. Et c'est le signe même qu'elles ont de la valeur. La rareté était depuis longtemps l'alpha de la valeur. La durée en devient l'oméga.

C'est évidemment ce référent, exemple parmi d'autres, qui alimenta la forte mobilisation des opposants au mariage homosexuel, lesquels défendaient l'idée que *le mariage hétérosexuel a une valeur en soi.* Qu'il n'est pas une construction sociale relative, susceptible d'évoluer, une norme avec laquelle l'individu peut jouer, mais une tradition multiséculaire, consubstantielle à l'idée de famille et par là à son rôle dans la société.

Remettre en question cette institution, c'est à leurs yeux saper le fondement même de la société tout entière. Pour eux, le mariage homosexuel n'est pas qu'un simple droit supplémentaire donné à une partie de la population, un « plus » pour certains, sans que cela soit un « moins » pour le tout. C'est là au mieux une illusion, au pire et plus sûrement la destruction voulue d'un certain modèle social. Ce qui explique pourquoi les opposants au mariage homosexuel ont en permanence lié la question du mariage et celle de la filiation, de la transmission.

D'où l'âpreté des débats entre ces deux camps et le sentiment d'un dialogue entre adversaires qui ne parleraient pas du même sujet.

Les partisans du mariage homosexuel ne comprennent pas pourquoi ceux qui s'y opposent refusent d'y voir la simple extension d'un droit.

Tandis que les opposants estiment que leurs adversaires cherchent à détruire ce qui est à leurs yeux une tradition multiséculaire, par là même porteuse de valeurs, consubstantielle à l'idée de famille et pierre angulaire de la société.

Dans chaque camp les positions sont tranchées et on regarde l'autre avec mépris. Les partisans du mariage homosexuel considèrent que leurs adversaires ne veulent pas reconnaître une réalité de fond, à savoir que le modèle familial qu'ils défendent – des époux hétérosexuels qui ont des enfants – est de longue date sociologiquement minoritaire, qu'il existe *des* familles et non *une* famille, et que celle-ci est très largement une construction sociale. Ce que l'anthropologie et la sociologie ont depuis longtemps démontré. Ils défendent une autre conception du mariage, tout aussi légitime à leurs yeux, fondée sur l'amour entre deux adultes consentants et libres. Ils dissocient par ailleurs la génitalité, qui est là pour assurer la reproduction de l'espèce, de la sexualité, qui elle ne relève que du désir et de l'amour. Les opposants leur apparaissent donc comme des réactionnaires homophobes qui n'osent se dévoiler tout à fait, voire de fieffés imbéciles. La réciproque est vraie dans le camp d'en face, où les militants du mariage gay ne sont pas mieux considérés.

On s'est donc trouvés face à un conflit extrêmement puissant et âpre sur le fond mais aussi dans la forme, qui a vu, en 2013, deux France s'affronter, s'invectiver, se haïr. Il reste à comprendre comment on en est arrivé là. Certes, au moment du Pacs, les débats avaient déjà été vifs. On pourrait se dire qu'avec le mariage homosexuel une étape supplémentaire et décisive a été franchie. Mais cette explication ne suffit pas. La différence est qu'entre 1999 et 2013 le rôle de la tradition et la valeur qui lui est attribuée ont considérablement évolué.

L'un des résultats d'étude que je tiens pour les plus décisifs dans la compréhension de la société française est le suivant : en 2006, 34 % seulement des Français affirmaient : « Dans ma vie, je m'inspire de plus en plus des valeurs du passé. » En 2008, ils sont 37 %. En 2010, 43 %. En 2012, 45 %, et en 2014, 47 % !

En une dizaine d'années, nous avons ainsi assisté à une revalorisation très forte de la tradition, et à travers elle à l'émergence d'une opinion plus proche de Joseph de Maistre que de Jean-Jacques Rousseau.

Or, ce besoin de retrouver du sens dans le passé et dans ce qui dure est en grande partie une réaction à la dilution de valeurs partagées, dans une société de plus en plus dominée par ce qui est fragmentaire et immédiat.

C'est ainsi que les médias traditionnels, sentant cette aspiration, ont également et simultanément valorisé la tradition.

Ayant identifié depuis longtemps la nécessité d'un cadre commun *traditionnel*, ils le proposent, le jouent et parfois le surjouent, le poussent en avant. C'est le cas, depuis longtemps, du journal télévisé de 13 heures de Jean-Pierre Pernaut, axé précisément sur la tradition et les métiers d'antan. Mais aussi, de plus en plus souvent, des journaux télévisés du soir, ou de certaines émissions comme « Le Village préféré des Français » sur France 2.

Les reportages sur chacun des villages présélectionnés sont tous les mêmes ou presque : ils présentent une France d'où la crise et la mondialisation sont absentes (on n'y parle ni d'économie, ni d'industries nouvelles ou de pointe) ; une France où les Beurs, les Noirs n'apparaissent pas ou très peu, au profit d'un pays fantasmé, composé quasi uniquement de Blancs ; une France sans conflits sociaux ou ethniques ; une France où l'on célèbre la convivialité, les traditions culinaires régionales. Une France du temps qui s'écoule lentement, très particulière en somme, et largement mythique ou mythifiée. Ce qu'on appelle un « imaginaire collectif », auquel de nombreux Français sont évidemment réceptifs.

D'autres émissions historiques ou culinaires abondent dans le même sens : la très célèbre « Des racines et des ailes » bien entendu, qui l'avait précédée. Mais aussi « Secrets d'histoire », « Le Jardin préféré des Français », « Le Monument préféré des Français », etc. Dans l'ordre culinaire, si propice à la célébration d'un patrimoine et de la convivialité, l'explosion des émissions est patente : « Master Chef », « Top Chef », « Le Meilleur Pâtissier », « Bon appétit bien sûr », « Les Escapades de Petitrenaud », etc.

Enfin, faut-il rappeler que depuis plusieurs années maintenant, les Journées du patrimoine sont devenues, en septembre, un événement qui mobilise chaque fois entre douze et treize millions de Français ?

Le référentiel commun fabriqué par les médias se fonde donc sur deux piliers : d'un côté, la consommation et la logique marchande à travers une information de plus en plus axée sur la consommation ; de l'autre, le culte et la valorisation de la tradition et de la mémoire. Les deux ne sont pas juxtaposés. Le premier engendre largement le second, il en est même la condition. On remarquera en passant que l'un et l'autre sont les deux adversaires traditionnels de la gauche, ce contre quoi elle s'est historiquement construite. Il n'est donc pas surprenant, indépendamment de la perception de l'action gouvernementale et des déceptions qu'elle a drainées, que la gauche soit aujourd'hui confrontée à une profonde difficulté idéologique et culturelle. Elle se trouve en décalage complet avec ce qui forge chaque jour davantage le référentiel commun d'une partie de plus en plus importante de la société française : l'éloge à la fois du marché, de la rentabilité et de la tradition.

Pour de nombreux Français, l'information telle qu'elle a évolué est en phase avec leurs propres aspirations. Elle est jugée utile, intéressante, du moins divertissante. Elle correspond à leurs exigences et conforte leurs valeurs.

Mais cette information n'en demeure pas moins un levier de la PRAF-attitude. En donnant une telle place aux logiques marchandes, elle renforce le consommateur plutôt que le citoyen. Et en favorisant la tradition, elle légitime l'idée d'un ordre préétabli plutôt que d'un ordre à discuter et inventer. Dans les deux cas, elle éloigne les citoyens du politique plus qu'elle ne les en rapproche.

Pour d'autres Français, cette information est en décalage avec leurs valeurs profondes et elle est tout simplement abêtissante. Elle induit alors une réaction de rejet non seulement à l'égard de la politique mais de l'information elle-même, ou du moins de l'information telle qu'elle a évolué.

Au bout du compte et comme avec les réseaux sociaux, la PRAF-attitude se nourrit donc de ce double rapport à l'information : elle peut en être une conséquence ou témoigner de son rejet, symboliser cette France addictive des écrans et cette autre France qui, de plus en plus souvent, coupe le son.

Quelques chiffres résument bien ce que pensent les Français : pour 65 % d'entre eux, « le débat politique est en ce moment en train de s'appauvrir », contre 8 % seulement qui estiment « qu'il se renouvelle » (et 27 % n'ont pas d'avis)[1]... 31 % des Français ne regardent *jamais* d'émissions politiques. Près d'un Français sur trois[2] !

Après les réseaux sociaux et la fragmentation de l'audience, le racolage informationnel est une des autres mutations de l'information. Car pour capter de l'audience et attirer l'attention, il faut monter le son. Mais pas trop tout de même. Sinon les auditeurs finissent par s'enfuir ou devenir sourds. Ce qui est l'inverse du but recherché. Comment réduire l'aporie ? En surprenant. Comment surprendre ? Par un habile dosage entre singularité, divertissement et vulgarité parfois, radicalité et simplification souvent.

La singularité est un passage obligé. Le drame de l'information n'est pas qu'il existe des médias d'information en continu (ce qui est plutôt un bien pour le citoyen soucieux d'être informé), mais qu'ils soient en situation de concurrence. Car il va alors falloir se différencier pour émerger.

Prenons à titre d'exemple la référence historique en matière d'information radiophonique en continu : France Info. Cette chaîne n'est pas réputée pour être l'archétype du racolage. Il n'empêche qu'un 4 décembre 2013 au matin, plusieurs millions de Français se sont réveillés avec, au petit déjeuner, une information choc, inouïe, qui sera martelée toute la journée : « François Hollande a été opéré en secret de la prostate en février 2011 » !

1. Enquête électorale 2017 Ipsos-Sopra Steria du Cevipof en partenariat avec *Le Monde*, vague 7, échantillon national représentatif de 17 047 personnes, octobre 2016.

2. Enquête Ipsos-Sopra Steria pour *Télécâble Sat Hebdo*, échantillon national représentatif de 1 088 personnes, octobre 2016.

Il s'agissait d'une hypertrophie bénigne de la prostate alors qu'il était candidat à la primaire. Mais on a aussitôt eu droit aux interventions multiples d'urologues expliquant avec moult détails en quoi consiste cette pathologie et à de savantes interrogations sur le secret qui l'entoure. Très vite, l'Élysée confirme l'information. Il était temps. Un terrible soupçon commençait à glacer les Français et, durant toute la journée, des débats, commentaires et reprises avaient envahi les stations.

Ce savant mélange de voyeurisme, d'impudeur et d'indécence, présenté comme une information politique, est typiquement de notre époque. Car naturellement, tout est organisé pour que l'événement fasse écho au cancer de la prostate de François Mitterrand, diagnostiqué dès son arrivée à l'Élysée et qui fut dissimulé pendant quatorze ans. Que les deux n'aient rigoureusement rien à voir, peu importe ! Pendant vingt-quatre heures, la prostate du président en exercice sera disséquée sous toutes les coutures comme si l'on nous révélait un fait important qui nous aurait été sciemment caché pour d'occultes raisons.

Les problèmes de prostate touchant des millions de Français, l'affaire fait coup double : elle joue sur l'intérêt et l'identification de tous ceux qui rencontrent de tels problèmes. Présentée comme un scoop politique, elle permet de capter une audience encore plus large. Coup double ? Que dis-je, coup triple, puisqu'elle renvoie en outre à la personnalité supposée de l'intéressé. Rien d'étonnant, en fait, à ce qu'un personnage comme François Hollande, ce professionnel du louvoiement et du clair-obscur, ait dissimulé une telle opération ! À sa place il est vrai, vous et moi l'aurions certainement clamée…

Quarante-huit heures plus tard, on ne parlera plus de ce haut fait, car il n'y avait en réalité rien à en dire. Sinon qu'il a profité aux intérêts de l'une des plus grandes chaînes d'information du service public, une chaîne de qualité confrontée à la concurrence des autres chaînes d'information en continu.

Radicalité et simplification sont les deux autres vices d'un tel système.

La mode est aux duels. Il faut du choc à tout prix entre intervenants, journalistes politiques, économistes, experts divers et variés, qui se doivent de développer des points de vue absolument antagonistes.

C'est Zemmour contre Domenach, le réac contre le progressiste, où chacun surjoue sa partition. Également, les « polémistes » sur RTL, la page « Le Duel » qui ouvre *L'Obs*, les face-à-face de BFM TV.

Le monde devient-il de plus en plus complexe ? Nécessite-t-il plus que jamais de la subtilité, de la nuance, de l'expertise, de la coopération ? L'identification de zones de convergence ne pourrait-elle pas servir de point d'appui à une action efficace ? Allons donc, jouons plutôt la simplification voire la caricature, la formule qui fait mouche et qui tue. Pourquoi ? Pour « émerger » ! Sans quoi, c'est un autre média qui captera l'audience à votre détriment.

Ce qu'on appelle enfin le « plancher collant » traduit l'autre évolution de certains médias. En management, le plancher collant est une notion qui concerne les carrières des femmes et tout ce qui les limite indûment.

Par extension, l'expression désigne aussi tout ce qui empêche un manager de lever la tête et de prendre un peu de hauteur ou de distance dans sa pratique. De rechercher un peu plus de vision, d'efficacité et de sens. De rompre avec la dictature du quotidien, d'échapper au « syndrome du hamster », celui qui court dans sa roue et tourne sans jamais s'arrêter.

Le plancher collant, en termes médiatiques, c'est la volonté, comme me l'a expliqué le responsable de l'édition en ligne d'un grand hebdomadaire, de « coller à l'usage », d'organiser l'information non pas comme on pense qu'on doit l'organiser, non pas en prenant de la distance ou du recul, ni en mettant en exergue des points de vue argumentés éventuellement défendus par des experts qui s'opposent, avec pour finalité ultime que le lecteur puisse se faire son propre avis, mais en concevant un article d'après le point de vue de l'usager tel qu'il l'exprime. Et pour cela, en s'inspirant de ce qu'il en dit sur les réseaux sociaux !

L'objectif qui sous-tend cette conception de plus en plus répandue de l'information est bien évidemment la recherche de l'audience : il s'agit avant tout d'augmenter le taux de « clics » et, pour y parvenir, de jouer sur une forme de proximité, voire de mimétisme.

Au-delà d'une simple stratégie marketing, il s'agit d'une véritable théorie de l'information, d'un conformisme de la demande où, pour accrocher le lecteur, on aboutit à reproduire sa façon de voir le monde. Vouloir l'éclairer, ce serait être dans une conception verticale et élitiste des choses. La république des experts, même si leur compétence est sectorielle et qu'ils sont les premiers à borner leur savoir, est dépassée et illégitime. L'usager sait. La valeur est de son côté. La démocratie véritable est celle-là. L'information est un miroir, non plus un support.

Une telle conception de l'information est évidemment ruineuse pour la démocratie représentative, mais elle l'est aussi pour les médias eux-mêmes.

En les tirant vers le bas, elle les dévalorise, au sens propre du terme. En effet, s'il s'agit de « coller à l'usage », quelle est la valeur ajoutée du média, à part d'être une plate-forme de plus en plus concurrencée par les réseaux sociaux ?

En simplifiant à outrance ou en caricaturant pour « émerger », l'information prend donc le risque de basculer dans le racolage ou le divertissement. Mais franchement, quitte à se divertir, on peut trouver autre chose, et plus drôle. En collant à l'usage, l'information perd de son identité. La crise de l'audience est alors une crise de la valeur.

La réaction des PRAFistes va du « plus-rien-à-faire » de ces élites, de ces experts, de ces journalistes qui nous parlent d'en haut et seraient déconnectés des réalités au « plus-rien-à-foutre » de cette information racoleuse, qui ne nous apprend rien, qui ne produit aucune valeur ou si peu.

Enfin, autant que la question de l'information, celle de l'utilisation des sondages contribue à alimenter cette attitude de défiance ou de rejet.

Il n'y a pas *les sondages* (et encore moins *les sondeurs*), mais un métier passionnant qui vise à comprendre, connaître et mesurer le mieux possible ce que pensent et font les citoyens, les salariés et les consommateurs. Ce qu'ils pensent et pourquoi ils le pensent. Ce qu'ils font et pourquoi ils le font.

On n'entre pas dans un institut pour « faire des sondages ». On y entre parce qu'on s'intéresse aux autres, à la société, et qu'on veut comprendre « ce qui se passe » dans la tête de nos concitoyens, pourquoi tel ou tel mouvement d'opinion se construit, s'amplifie ou régresse.

Les sondages ne sont donc qu'un instrument de connaissance parmi d'autres : études qualitatives, sémiologie, ethnologie, « data sciences »…

Dans le domaine des études dites « politiques », je reste attaché à deux principes fondamentaux. Le premier est que seule l'élection donne la légitimité car elle seule vient trancher une controverse, un débat, une confrontation entre des candidats et des offres programmatiques, et qu'elle le fait à l'issue d'une campagne électorale, c'est-à-dire d'un moment privilégié et unique où les citoyens écoutent vraiment, évaluent, jugent et surtout comparent.

Ce qui suppose évidemment que des offres claires et distinctes leur soient proposées et que les médias fassent leur travail d'exposition et d'analyse de ces offres. Ce qui suppose aussi que les candidats ne mentent pas et que, s'ils le font, leurs mensonges puissent être repérés, démontrés et démontés.

Pourquoi est-ce si important ? Parce que le mensonge en politique n'est pas seulement répréhensible selon la morale. Il l'est plus encore parce qu'il ruine la comparaison possible des offres et, ce faisant, détruit l'enjeu qui est au cœur du choix démocratique. On ne devrait donc pas rire d'un menteur en politique. Car celui-ci est totalement destructeur et fondamentalement dangereux.

C'est pour toutes ces raisons que seule l'élection crée la légitimité. Une fois élu, le pouvoir, par le biais des sondages d'opinion, fait l'objet d'une *notation.* D'un indice de satisfaction ou de popularité. Mais il ne s'agit pas d'une *confrontation.*

Ce temps-là ne survient que progressivement et plus tardivement. À partir du moment où les Français ne font pas que juger le pouvoir en place, mais commencent à écouter l'opposition et à établir des comparaisons. Le sondage n'est donc aucunement porteur de la légitimité fournie par l'élection. Celle-ci n'est pas une notation, mais une comparaison et un choix.

Second principe : dans le temps long qui sépare deux élections, le rôle des sondages d'opinion est de mieux faire connaître aux élus les perceptions, attentes, angoisses et espoirs des Français tout au long de leur mandat. Il permet ainsi aux décideurs de ne pas rester enfermés dans leurs certitudes. Dans l'agora grecque ou dans la petite Suisse chère à Rousseau, la démocratie directe est possible. Dans une société massifiée, elle ne l'est plus. Sans instrument de cet ordre, les dirigeants ne peuvent savoir ce que ressent une population de soixante-cinq millions d'habitants, a fortiori quand la société se complexifie, s'individualise et se fragmente.

Le sondage d'opinion, technique inventée en 1938 par George Gallup, est en cela un moyen de connaissance fort utile. S'il est sérieusement réalisé, c'est-à-dire en se fondant sur un échantillon représentatif qui permet d'extrapoler les résultats à l'ensemble de la population et à partir de questions bien posées, il est susceptible d'éclairer le décideur et de revivifier le débat public. À charge pour les élus comme pour les électeurs d'en tenir compte ou non.

Voilà pourquoi je suis heureux d'exercer une profession aussi utile que passionnante et qui consiste à être une sorte de médiation entre les Français et le pouvoir, en permettant aux uns et aux autres de mieux connaître le sentiment de l'opinion dans sa majorité comme dans sa diversité.

Même s'il existe d'autres capteurs, de plus en plus nombreux, importants et fiables[1], permettant d'analyser ce que nos citoyens pensent et comment ils se comportent, le sondage demeure un outil de compréhension certes imparfait mais indispensable.

Je pourrais multiplier les exemples pour le démontrer. Je n'en donnerai, à titre d'illustration, que trois.

Lors des primaires de la gauche de 2011 circulait la conviction suivante, profondément ancrée chez de nombreux journalistes et commentateurs : puisque le corps électoral sera restreint, mobilisant – même si l'élection est ouverte à tous – des sympathisants de gauche particulièrement intéressés et actifs, cet élan va profiter à Ségolène Royal.

Ces commentateurs soulignaient que Ségolène Royal entretenait comme aucun autre candidat un rapport singulier avec ses supporters. On parlait de « fascination », d'une « intensité de soutien exceptionnelle », d'une « communion presque mystique ». Mais aussi d'une revanche personnelle à prendre après l'échec de 2007 et presque quatre ans de sarkozysme en action.

1. Notamment tout ce qui relève du « big data » mais aussi des techniques d'observation et d'analyse des conversations sur le Web.

Bref, la reine du scrutin serait elle et elle seule !

Or, tout cela relevait d'une construction intellectuelle totalement erronée.

Lorsque les résultats des premières enquêtes tombèrent, ils indiquaient clairement que Ségolène Royal n'était pas en tête comme annoncé, mais en troisième position, à 18 %, loin derrière François Hollande (42 %) et Martine Aubry (31 %).

La seconde enquête d'Ipsos, réalisée à deux semaines du scrutin et hélas avant les deux derniers débats[1], indiquait de manière assez nette la dynamique électorale à l'œuvre : le score de Ségolène Royal était évalué à 13 %. Elle était talonnée par Arnaud Montebourg à 10 %. Le résultat ultime sera plus cruel encore : un peu moins de 7 %. Les Français, clairement, ne voulaient plus de Ségolène Royal comme candidate à l'élection présidentielle.

1. La raison mérite d'en être rappelée : début septembre, Ségolène Royal demande à la haute autorité des primaires d'interdire la publication de sondages, qu'elle juge imprécis et partiaux, c'est-à-dire orientés ! La haute autorité appelle alors à interpréter les sondages avec prudence (ce qui est très bien) mais demande aux instituts de ne pas publier d'enquête la veille des scrutins (ce qui l'est moins). Dans ce contexte de confusion et de pressions extrêmes, renforcé par le fait que certains instituts appellent à ne pas réaliser de telles enquêtes (ils ne se priveront pourtant pas d'en faire en 2016…), les médias pour lesquels nous travaillons s'inquiètent et préfèrent ne pas réaliser une troisième étude alors même que deux débats sont à venir. La suite est connue : on reprochera aux instituts une mesure imparfaite… après les avoir obligés à ne pas sonder durant les quinze derniers jours ! Malgré tout, l'essentiel, c'est-à-dire l'identification des deux qualifiés dans leur ordre d'arrivée, le faible niveau de Ségolène Royal et le décollage d'Arnaud Montebourg, avait été correctement entrevu.

Durant toute cette période, nous nous faisions insulter par l'équipe de campagne de la candidate. Des communiqués rageurs accusaient les sondeurs de manipulation – encore et toujours – ou insinuaient qu'il existait un complot pour lui nuire. Ce que nos enquêtes permettaient, c'était tout au plus d'objectiver le débat. Sans elles, on pouvait asséner aux Français sur les plateaux de télévision des contre vérités absolues. Grâce à elles, il devenait plus facile de percevoir ce qui relevait d'arguments de campagne ou de croyances non démontrées ou fausses, pouvant trouver néanmoins un écho réel dans l'opinion et l'abuser. Elles fournissaient des renseignements précieux sur ce que souhaitaient les Français et pourquoi. Encore fallait-il accepter de les prendre en considération. Avec la prudence et la distance nécessaires certes, mais d'y prêter au moins attention.

Deuxième exemple : en 2006-2007, les instituts publiaient des enquêtes indiquant non seulement que la mobilisation électorale serait forte et beaucoup plus élevée qu'en 2002, mais surtout que le Front national était à bas niveau (à 12 % ou 13 %) tandis que Nicolas Sarkozy caracolait à 28 %-30 % d'intentions de vote. Nous nous faisions là encore malmener voire insulter… « Comment pouvez-vous oser, après le résultat surprise du 21 avril 2002, publier de telles inepties ? »

Et là encore, la rengaine habituelle : manipulation, complot, etc.

Or, ces enquêtes étaient fort éclairantes. Elles indiquaient par exemple l'existence à gauche d'un remords du 21 avril qui se traduisait par une mobilisation potentiellement très forte. Que Nicolas Sarkozy séduisait les électeurs du Front national. Que des thèmes nouveaux émergeaient. La suite est connue : Nicolas Sarkozy avait littéralement « siphonné » le FN[1].

Dernier exemple : entre 2010 et 2012, les enquêtes d'opinion de tous les instituts de sondage soulignaient le rejet de Nicolas Sarkozy et la forte probabilité de sa défaite à l'élection présidentielle. De très nombreux indicateurs permettaient de comprendre pourquoi, de la façon dont son action était perçue jusqu'aux jugements portés sur sa personnalité. Ils seront le plus souvent ignorés au profit des mêmes accusations.

Un enjeu important intervint pourtant durant cette campagne et concernait le Front national : Marine Le Pen avait succédé à Jean-Marie Le Pen et infléchi la stratégie du parti. Était-elle en train de gagner son pari ou conduisait-elle le FN, comme son père, dans l'impasse ?

Toutes les enquêtes lui donnaient raison et cela était très important pour comprendre les ressorts profonds et réels du FN et son résultat final. Un conseiller de l'Élysée, Patrick Buisson, affirmait alors doctement le contraire : Marine Le Pen n'avait ni le charisme ni la force de son père, éléments déterminants pour l'électorat FN. Il s'appuyait pour cela sur des enquêtes qualitatives, laissait-il entendre dans la presse. On connaît le résultat : avec 18 % de suffrages, le Front national réalisa en 2012 son meilleur score…

1. Au soir du premier tour de l'élection présidentielle, certains observateurs, qui ne voulaient pas croire à un FN bas, nous félicitèrent de nos résultats. Nous l'avions pourtant surestimé de 2,5 points, ce qui n'est pas négligeable : 13 %, au lieu de 10,5 % finalement ! Une fois de plus, même si cela était dans un sens beaucoup plus sympathique pour nous, on vérifiait que les reproches faits aux instituts le sont rarement sur une base factuelle et objectivée mais plutôt à partir d'impressions, de croyances ou d'anticipations erronées.

Quelles conclusions faut-il tirer de ces trois exemples ?

Non que les enquêtes d'opinion seraient des outils merveilleux qu'il faudrait fétichiser. Je pense même tout le contraire et ne minimise aucunement leurs imperfections, leurs limites et, le cas échéant, leurs erreurs. En revanche, il me paraît incontestable que ces études permettent de distinguer, dans ce que pensent et veulent les Français, ce qui relève de la propagande, ou d'un commentaire fallacieux, d'une vérité réellement mesurable. D'apporter ainsi de l'ordre et un peu d'objectivité dans le débat. D'aller plus loin surtout dans la compréhension des phénomènes d'opinion.

Or, ce que je constate et que les Français peuvent observer depuis quelques années, c'est que cet instrument précieux est, lui aussi, de plus en plus souvent détourné de son usage fondamental. Et que, tout comme les réseaux sociaux, l'information grossière et la perte de sens, les sondages ou du moins leur utilisation ont à leur tour fini par alimenter la PRAF-attitude.

Il y a d'abord les sondages stupides qui n'apprennent rien et ne sont destinés qu'à l'animation médiatique du moment. Des sondages qui enfoncent des portes ouvertes pour créer à peu de frais une forme de divertissement. En termes de « crétinisation » de l'instrument, l'imagination peut être sans limites, comme en témoigne ce petit florilège d'une recherche parfois désopilante.

En 2016, BVA nous apprend que « 97 % des Français aiment rire ». Il fallait oser poser la question…

Ipsos révèle que le plat préféré des Français est le confit de canard (17 %), suivi de la tartiflette (14 %), des moules-frites (10 %), de la choucroute (9 %), du bœuf bourguignon (9 %) et de la poularde aux morilles (6 %). Une information choc qui à l'évidence nous manquait !

Heureusement, TNS Sofres vient compléter l'enquête avec le dessert préféré des Français. Entre ces deux instituts, la bataille reste décidément titanesque. Vous ne refermerez pas ce livre sans savoir qu'il s'agit du fondant au chocolat (24 %), talonné par les crêpes (23 %), à égalité avec la mousse au chocolat et l'île flottante.

En 2014, OpinionWay était venu avantageusement nous indiquer que pour 55 % des Français, « bien découper du fromage de chèvre est d'une simplicité absolue » tandis que pour 44 %, c'est « bien plus subtil qu'il n'y paraît ». Il fallait être capable d'imaginer une telle opposition !

Dans le registre élégant et fin, Ifop nous a aussi révélé que dans les rituels avant un « premier soir », 31 % des hommes et 11 % des femmes ont déjà pratiqué la masturbation préventive. Tout de même utile à savoir…

CSA n'est pas en reste, qui nous indique qu'au cours de sa vie, un Français chante à tue-tête plus de 4 800 fois dans sa voiture, qu'il y prend son repas plus de 2 900 fois, qu'il s'y maquille, s'y coiffe ou s'y rase plus de 1 700 fois et qu'il y renverse une boisson plus de 450 fois. Des statistiques qui nous manquaient.

Merci enfin à Elabe de nous préciser que « Belle, Flipper et Beethoven sont les animaux stars préférés des Français », nous pouvons maintenant dormir tranquilles.

De telles « enquêtes » participent, il va sans dire, de la dévalorisation d'un outil censé nous apporter un autre type d'information. Il est pour le moins fâcheux de voir une profession jouer contre ses propres intérêts et aplatir ce qu'elle devrait améliorer. Ce n'est pas encore dramatique, pour l'instant surtout comique.

Mais il y a plus grave.

Des enquêtes où la question est mal posée, voire biaisée, ont toujours existé. Et contrairement à un sentiment communément répandu, cela relève davantage de la faute ou de l'incompétence que d'une volonté délibérée ou d'une manipulation. L'accélération des rythmes, la volonté de produire un sondage qui « colle » à tout prix à l'événement, la compétition entre les instituts – tout comme il y a concurrence entre les chaînes et radios d'information en continu – y contribuent puissamment. Trop vite conçue, la question peut être mal posée.

La « juniorisation » des équipes est également un facteur aggravant et propice à de tels écarts. Dans une industrie où les gains de productivité ne sont pas à la hauteur de la baisse des prix, il est tentant d'adapter la masse salariale en limitant le nombre des seniors. Or, les bonnes élaboration et rédaction d'un questionnaire sont en réalité un exercice technique complexe, qui ne s'improvise pas, tout comme l'interprétation des résultats de l'enquête. L'expérience est par conséquent plus que précieuse.

Enfin, la fragmentation et la multiplication des instituts de sondage n'induisent pas mécaniquement un surcroît de qualité. Non, bien entendu, que les organismes les plus importants, tels Ipsos, TNS Sofres, BVA ou Ifop, doivent bénéficier d'une prime à l'ancienneté et former une sorte de cartel dominant ! En revanche, la possibilité pour de toutes petites structures de naître et de réaliser des enquêtes en ligne et à faible coût, en achetant des adresses à des « providers » au lieu de monter leurs propres « access panels » ou réseaux d'enquêteurs (ce qui dans les deux cas est lourd et onéreux), fait que certaines d'entre elles sont à la recherche d'une visibilité médiatique indispensable et effrénée tout en pouvant produire des études à faible coût. Cette visibilité reste en effet le moyen le plus rapide d'acquérir une notoriété et une forme de légitimité qui permettront de gagner d'autres clients, privés cette fois-ci, dont les commandes assureront la viabilité de l'institut nouvellement créé. On peut donc être une société d'études de petite taille réalisant des sondages de qualité – et il y en a ! – ou être moins regardant, moins compétent et jouer sur la légitimité cathodique.

La multiplication des chaînes d'information, des radios et des médias écrits offre, de fait, des possibilités de publication très larges. Encore faut-il souscrire à deux conditions : d'abord, pratiquer des prix extrêmement bas, compte tenu du modèle économique de la presse. Ce qui a comme conséquence pour l'institut de sondage de devoir multiplier les enquêtes publiées pour compenser la valeur par le nombre. Ensuite, souvent, produire des enquêtes destinées à satisfaire les médias en leur permettant de « faire le buzz », comme on dit.

Parmi les petits spécimens de questions biaisées obéissant à cette logique, on peut retenir celle d'Odoxa, posée la veille de l'émission politique du 14 avril 2016 dont François Hollande était l'invité, et publiée le jour même : « Compte tenu de son impopularité actuelle [formulation qui d'emblée introduit ce que l'on appelle un « effet de cadrage » et donc un biais], François Hollande devrait-il annoncer qu'il renonce à se présenter à l'élection présidentielle afin de [second biais et non des moindres !] permettre à la gauche d'avoir le temps de trouver un meilleur candidat ? » On se demande comment 23 % de Français, saluons-les, ont pu répondre non ! En effet, compte tenu de l'impopularité de François Hollande, le résultat était parfaitement prévisible. Mais la question, telle qu'elle est posée, ne laisse aucune échappatoire – au cas où il aurait pu y en avoir.

La suite est très simple : l'ensemble des médias, peu regardants, ont repris le résultat sans citer l'intégralité de la question et martelé, tout au long de la journée du 15 avril 2016, que 76 % de Français souhaitaient que le président de la République annonce qu'il renonçait à être candidat.

Le processus de délégitimation est alors parfaitement efficient puisque le président en exercice ne peut évidemment aucunement annoncer, un an avant l'échéance et dans une telle émission, s'il briguera ou non un nouveau mandat. Tout le monde le sait, mais la question lui sera malgré tout posée en lui rappelant le résultat de l'enquête. L'intéressé n'y répondra pas ou laissera entendre qu'il prendra sa décision plus tard, en l'occurrence à la fin de l'année. Dans ces conditions, il ne peut que décevoir. Il ne restera alors plus, après l'émission, qu'à refaire un sondage, de préférence le plus tôt possible, pour montrer combien il a déçu. La boucle est bouclée. Tout le monde s'est bien amusé. La reprise médiatique a été formidable.

Dans une telle affaire, tous les acteurs sont fautifs. L'institut qui amorce la pompe, bien entendu. Mais aussi le média de départ qui se laisse abuser par une telle enquête, tout comme ses confrères qui la reprennent sans se donner la peine de vérifier son sérieux et se copient mutuellement. Les autres instituts de sondage sont également piégés et ne disent rien car s'ils dénoncent le procédé, ils se verront accusés de critiquer un concurrent qui leur fait « de plus en plus d'ombre » – une technique de défense facile mais qui, dans le débat public, peut temporairement produire son effet. Fautif enfin, ou plutôt victime, l'homme politique lui-même qui se prête involontairement à ce jeu, mais se voit contraint de ne rien dire sous peine d'endosser le mauvais rôle si d'aventure il contestait cette enquête.

La mécanique est donc aussi facile qu'impitoyable.

Mais dans une telle affaire, tout le monde ou presque est également satisfait – voire, d'une certaine façon, gagnant. L'institut de départ, qui a accru sa visibilité et dont le sondage « fait le buzz ». Les médias en général, qui profitent de l'événement et le relaient. L'immense majorité des Français enfin, qui rejette le président en exercice et ne va donc pas s'offusquer d'une question qui la conforte dans ce qu'elle a envie d'entendre.

Là est d'ailleurs la clé. Pour que ces mécaniques « médiatico-sondagières » puissent fonctionner, encore faut-il qu'au départ le responsable politique soit déjà affaibli et impopulaire. En revanche, elles renforcent le processus de délégitimation qui le frappe, biaisent les choses en « anglant » les controverses et libèrent des médias qui n'oseraient pas intervenir de la même manière si l'homme politique en question avait la faveur de l'opinion.

Précisons que ces procédés ne sont pas réservés à une famille politique. Nicolas Sarkozy, en son temps, eut également à affronter de telles enquêtes, notamment quand, alors qu'il était en chute dans les sondages, les médias s'évertuèrent à lancer l'idée qu'il ne pourrait pas être candidat, et qu'il fallait connaître les intentions de vote pour son Premier ministre, François Fillon.

Mais les dynamiques à l'œuvre ici décrites, venant tant des médias que des instituts de sondage, n'ont fait que s'aggraver.

Quels enseignements en tirer malgré tout ?

D'abord, qu'il ne faut pas chercher à réaliser des enquêtes d'opinion trop vite, à chaud, systématiquement et en collant à l'événement. Même si cela doit conduire à moins de visibilité.

Ensuite, bien évidemment, que les questions doivent être équilibrées et honnêtes.

Enfin, qu'il faut distinguer : il y a, n'en déplaise à certains, sondages et sondages ; toutes les enquêtes d'opinion ne se valent pas et derrière des apparences a priori similaires, tous les instituts ne sont pas équivalents, tant en termes de qualité des études réalisées que de déontologie.

Bref, même si cela demande un petit effort, généraliser en parlant « des sondages » est aussi malsain que généraliser en parlant « des médias ».

Soulignons enfin un dernier travers lié à certaines enquêtes publiées.

Là où elles sont censées permettre de mieux savoir ce qui traverse l'opinion publique et, ainsi, de nourrir le débat sur une base plus objective, elles deviennent des arguments brandis par des acteurs politiques avec, pour finalité, de clore toute discussion.

Dans la période récente, ce détournement de l'instrument a été particulièrement perceptible lors de l'avant-projet de la loi travail El Khomri.

Cette réforme, François Hollande porte la lourde responsabilité de ne l'avoir ni véritablement annoncée ni expliquée – ou même tenté de l'expliquer. Elle fut défendue de surcroît par une ministre inconnue des Français – et ce, uniquement pour des raisons d'équilibres internes à la majorité – et a été, on le sait, immédiatement sanctionnée par l'opinion. Ce qui a fourni au leader de la CGT un argument brandi tout au long du conflit : « Vous cherchez à imposer une loi rejetée par 70 % des Français ».

Or, jamais les Français n'ont rejeté cette loi pour son article 2, celui de la fameuse « inversion des normes » entre la branche et l'entreprise. Jamais non plus elle n'a été comprise par eux, faute d'une véritable information sur son contenu.

Quand on demandait à nos concitoyens s'ils en avaient entendu parler « de manière précise », « vaguement » ou s'ils concédaient « ne pas la connaître », il apparaissait avant tout que, plus que le projet de loi lui-même, la réalité des propositions qu'il présentait était massivement méconnue.

Très vite, l'opinion publique s'est donc cristallisée sur une perception générale, centrée en réalité sur les licenciements économiques, potentiellement moins dédommagés, et les heures supplémentaires, moins payées. Dans ces conditions, il n'est pas surprenant que la loi ait été désapprouvée par les Français. Mais a minima, il aurait été honnête de souligner que ce rejet s'accompagnait d'une grande méconnaissance du projet.

Bien sûr, il est probable que, même parfaitement informés, les Français auraient malgré tout contesté cette réforme. Mais certainement pas dans les mêmes proportions et en étant sensibles à d'autres aspects, plus positifs à leurs yeux, comme l'ont ensuite montré des études qualitatives. Les enquêtes, si elles avaient été faites en ce sens, auraient alors permis d'éclairer les points de blocage et les points d'adhésion au lieu d'être instrumentalisées à seule fin de repousser en bloc la loi.

Pourquoi de telles enquêtes n'ont-elles pas été réalisées ou publiées ?

Parce qu'elles auraient été moins percutantes. Elles supposaient de se plonger dans un projet de loi particulièrement complexe et technique. D'en extraire les éléments les plus saillants. De les formuler en langage simple et accessible sans en déformer le contenu, ce qui n'est pas un exercice aisé. D'élaborer ensuite les questions adéquates. De mesurer sur quoi le rejet se fondait réellement.

Rares sont les médias qui étaient prêts à un tel travail de fond, supposant un questionnaire plus long et plus onéreux. Pour les instituts de sondage également, il était beaucoup plus facile de se contenter d'une question de notoriété et d'approbation globale…

C'est ainsi qu'on répéta les mêmes enquêtes, lesquelles cristallisèrent une petite musique de fond sur le refus par les Français d'une telle réforme.

La conséquence de cet usage détourné des enquêtes est qu'il nourrit de plus en plus un soupçon (parfois légitime) de l'opinion à leur égard. Alors qu'en donnant aux Français la possibilité de réagir et de s'exprimer à tout moment et sur de nombreux sujets, ces études développent, si certaines conditions sont respectées, une forme de contre-pouvoir ou peuvent au moins servir de médiatrices entre les citoyens et leurs dirigeants, elles sont de plus en plus souvent perçues comme des outils de communication quand ce n'est pas de manipulation.

L'évolution de la sémantique en témoigne. Il y a encore cinq ou dix ans, on disait, à propos d'un résultat de sondage, qu'il indiquait que *x* % des « Français pensent que… ». Et c'est bien ainsi qu'il faut le concevoir, la technique de l'échantillon *représentatif* permettant précisément d'extrapoler le résultat du sondage à la population entière.

Aujourd'hui, on parle non plus de « Français », mais de « sondés », formule aussi laide qu'inexacte et qui montre bien la distance grandissante, voire la défiance, envers un instrument de plus en plus contesté.

Situation d'autant plus regrettable que ces enquêtes, à juste titre critiquables, sont marginales par rapport à une production globale de grande qualité, où la France a acquis un véritable savoir-faire reconnu mondialement.

Force est cependant de constater que des sondages stupides ou mal conçus, tout comme le mauvais usage qui en est fait, peuvent devenir à leur tour un des ingrédients de la PRAF-attitude, au même titre que les dérives de l'information[1].

1. Au moment où j'achève cet essai, une nouvelle polémique a éclaté sur les sondages et la primaire de la droite. Alors que les enquêtes d'opinion ont permis de mesurer l'importance, dans les toutes dernières semaines, de la campagne électorale et des débats télévisés, alors qu'elles ont mesuré la dynamique soudaine et très forte en faveur de François Fillon et sa qualification pour le second tour, on leur reproche de ne pas avoir indiqué le point d'atterissage exact de ce dernier. Le reproche est fondé : 30 % le vendredi, ce n'est pas 44 % le dimanche ! Et les instituts doivent s'interroger sur leurs méthodes et travailler, comme ils le font depuis toujours, à identifier et limiter le biais. Mais là encore, sans ces enquêtes, qui aurait compris quoi que ce soit à cette campagne ? N'aurait-on pas dit, comme on le faisait en 2011 à propos de Ségolène Royal, que Nicolas Sarkozy allait l'emporter ? C'était la tonalité dominante des médias à la fin de l'été 2016 ! Un Nicolas Sarkozy pourtant sèchement évincé dès le premier tour… C'est au contraire grâce à ces études que l'on a pu mesurer que le duo qualifié depuis des mois pour le second tour, Alain Juppé et Nicolas Sarkozy, vacillait et que François Fillon s'imposait. Alors oui, le niveau qu'a atteint ce dernier, pour de nombreuses raisons, n'a pas été anticipé. Mais la campagne qui s'est déchaînée a hélas plus de chances de nourrir la PRAF-attitude qu'un débat serein et constructif sur les instruments de compréhension d'une campagne électorale, et l'usage médiatique des sondages électoraux.

4

Le rejet fiscal

L'impôt est souvent le révélateur ou le miroir des valeurs dominantes d'une société.

Suivant les arbitrages et les choix qui sont opérés, la fiscalité peut traduire une volonté de soutenir les ambitions des plus jeunes ou de favoriser les intérêts des plus âgés. Une prime donnée soit à l'investissement, soit à l'épargne, à la valorisation du risque ou à la préservation de la rente, à la lutte contre les inégalités ou à la sauvegarde des acquis. Elle peut davantage concourir à la rémunération du capital qu'à celle du travail, marquer l'importance accordée à la croissance et au rôle des entreprises, ou la conception que l'on se fait de la famille ou de la place réservée aux femmes dans la société.

C'est ainsi que l'acte inaugural du hollandisme, celui qui précipita sa chute dans l'opinion, se traduisit, dès l'été 2012, par une hausse massive de la fiscalité et des choix politiques majeurs et profonds en faveur d'une plus grande redistribution sociale.

Durant l'actuel quinquennat, le niveau de vie des ménages du premier décile a augmenté d'environ 5 % tandis que celui du plus haut décile a baissé de 1,6 %.

Fin 2016, après redistribution, le niveau de vie des 20 % les plus aisés est 4,1 fois plus élevé que celui des 20 % les plus pauvres, alors qu'il était de 8,1 fois supérieur avant redistribution[1].

Qu'il s'agisse de cette augmentation fiscale ou des choix dont elle découle, on est ici à rebours de deux tendances de la société : sa marchandisation, qui dilue le citoyen au profit de l'usager, et la montée en puissance d'un néolibéralisme qui, à travers la « critique de l'assistanat », divise la société entre les « utiles » et les « assistés ».

En effet, l'impôt a deux fonctions essentielles.

La première est une fonction *politique*. Elle consiste à faire de ce prélèvement *une marque d'appartenance à la communauté*. Comme le souligne Michel Bouvier, président de l'Association pour la fondation internationale des finances publiques, « une telle fonction pourrait tomber en désuétude dès lors que 43 % des Français n'ont pas le sentiment d'accomplir un acte citoyen quand ils payent des impôts ». Car là est bien le premier enseignement d'une enquête réalisée par Ipsos pour *Le Monde* à ce sujet en 2013 : l'alliance du contribuable et du citoyen est largement, et depuis longtemps, ébranlée. Alors qu'il existe en France environ deux cents prélèvements obligatoires représentant plus de neuf cents milliards d'euros (dont plus du tiers en cotisations sociales), ce brassage ne contribue aucunement à affermir le sentiment communautaire, à travers l'acquittement des prélèvements obligatoires, celui de faire à titre individuel un acte citoyen. Bien au contraire, ce que les Français ont l'impression de *subir* – le mot est à lui seul révélateur –, c'est un *racket*, et

1. Ministère de l'Économie et des Finances, note du Trésor.

un *racket d'État.* Celui qui aujourd'hui s'affirme satisfait ou fier de payer beaucoup d'impôts et de participer ainsi à la cohésion nationale est, au mieux, perçu comme un imbécile.

La seconde fonction de l'impôt est une fonction *sociale.* Elle consiste à faire de lui *un instrument de réalisation de l'intérêt général et de redistribution sociale.* Mais elle est elle-même, si l'on en croit les sondages, profondément ébranlée dans l'esprit de nos compatriotes. Seuls 19 % des Français estiment « qu'il faut des impôts élevés pour redistribuer les richesses », un chiffre qui s'élève à 30 % seulement chez les sympathisants socialistes et qui tombe à moins de 20 % chez les sympathisants de droite. 54 % de nos compatriotes pensent que la politique fiscale du gouvernement aggrave les inégalités, 4 % seulement qu'elle les réduit, 42 % qu'elle ne change rien !

Bref, aujourd'hui, l'impôt, qui n'a jamais été en tant que tel populaire, est honni, entraînant dans une même détestation ceux qui l'ont augmenté ou modifié. Un Français sur quatre considère que rien ne peut justifier des impôts élevés. Plusieurs raisons expliquent ce rejet.

Éliminons tout d'abord les causes apparentes, qui apparaissent en définitive comme des explications partielles. Et notamment le niveau de la fiscalité.

Une large majorité de Français pense qu'il est excessif. On devrait donc en déduire que c'est la principale raison de leur rejet de l'impôt. En réalité, non.

Michel Bouvier rappelle justement que le taux maximum d'impôt sur le revenu est passé de 65 % en 1985 à 54 % en 2000, puis à 45 % aujourd'hui, tout comme l'impôt sur les sociétés a été ramené progressivement de 50 % en 1985 à 33,3 % en 1993. Mais il fait aussi remarquer que, paradoxalement, l'impôt fut moins impopulaire il y a trente ans qu'il ne l'est de nos jours. Ce qui indique bien que l'origine de ce rejet est liée, non au niveau fiscal proprement dit, mais à une évolution plus générale des valeurs de la société dans laquelle il s'inscrit.

Dans une société où l'intérêt privé a pris le pas sur l'intérêt général, l'impôt a cessé d'être considéré comme un instrument de solidarité, cédant le pas à une vision marchande de la fiscalité.

74 % des Français considèrent qu'entre les impôts et les taxes qu'ils acquittent d'un côté (impôt sur le revenu, taxe d'habitation, TVA...), et de l'autre les aides et les moyens apportés en contrepartie par l'État (école, infrastructures, Sécurité sociale, aides pour les enfants, allocations chômage...), ils contribuent davantage au système qu'ils n'en sont bénéficiaires.

Une telle perception traduit une vision de l'impôt perçu comme une *redevance*, c'est-à-dire une transaction, un prix payé pour un service rendu par le secteur public, et *non comme une contribution à l'intérêt général.*

Cette évolution ne peut que nourrir, de façon inéluctable, le sentiment que « l'argent est mal utilisé », ou que « le service rendu n'est pas à la hauteur » des efforts consentis.

Les Français sont 88 % à estimer désormais que les pouvoirs publics font un mauvais emploi des impôts dont ils s'acquittent.

Le deuxième facteur de désagrégation du rapport des Français à l'impôt est celui qui renvoie à la redistribution et à la solidarité, puisqu'il s'agit là de la seconde grande fonction de la fiscalité. Or, la division de la société en deux grands blocs, les « utiles » et les « assistés », vient l'affaiblir. Cette critique de l'« assistanat », d'abord émise par la droite au début des années 2000 puis de plus en plus par une partie de la gauche, n'a cessé de croître au cours des dix dernières années. Les trois quarts des Français la partagent aujourd'hui, tandis qu'une minorité d'entre eux se félicite que la société aille vers « plus de solidarité envers les gens qui en ont besoin[1] ».

Il s'agit là d'un mouvement d'opinion redoutable, conséquence logique de la marchandisation de la société et de la valeur accordée au travail, considéré comme une valeur en soi.

En effet, à partir du moment où la transaction et l'acte d'achat deviennent le paradigme central de la société, la capacité à acheter et à consommer le devient également. Les revenus des Français étant très largement issus de leur activité professionnelle, la coupure de plus en plus manifeste devient celle qui oppose ceux qui produisent de la valeur via leur travail et ceux qui en tirent parti sans la produire, voire en abusent et ne sont dès lors ni plus ni moins que des parasites. Ce qui pourrait transcender ce clivage au nom d'une citoyenneté commune tend donc à s'effacer.

Ni les retraités, parce qu'ils ont travaillé, ni les étudiants, puisqu'ils travailleront demain, ne sont classés dans la deuxième catégorie, seuls étant visés ceux qui bénéficient et vivent de transferts sociaux, faute d'emploi, et passent pour profiter de la solidarité nationale.

1. Enquête Ipsos « Fractures françaises » pour *Le Monde*, Sciences Po et la Fondation Jean-Jaurès, vague 4, avril 2016.

Alors que le chômage a toujours été un facteur de marginalisation sociale et de désagrégation personnelle et affective forte, il est de plus en plus devenu aujourd'hui le symbole de ce qui doit être combattu, l'« assistanat », sans que l'on sache jusqu'où risque de nous conduire un tel amalgame dont les effets massifs sont d'ores et déjà perceptibles.[1]

Selon le Credoc, alors que 66 % des Français se déclaraient compatissants à l'égard des pauvres de manière très stable depuis une trentaine d'années, 50 % seulement sont maintenant disposés à leur témoigner de la solidarité. Pourquoi en veut-on davantage aux pauvres ? Parce qu'on en est arrivé à penser que les plus démunis sont en réalité des « assistés ». Pour 76 % de nos compatriotes, il est ainsi plus avantageux de percevoir des minima sociaux que de travailler avec un bas salaire.

Cette division entre deux catégories bien distinctes a d'abord trouvé son ferment dans le profond sentiment d'injustice éprouvé par les milieux populaires. Pour une partie d'entre eux, ce sentiment dominant, vite reconverti en ressentiment, est celui de devoir se décarcasser pour trouver du travail et améliorer son quotidien, quand

1. Notons que cette conception est d'autant plus inquiétante que la robotisation accrue de nos sociétés (qui peut, à certaines conditions, être un bienfait) va de plus en plus faire disparaître, on le sait, des pans entiers de travail. Toutes les tâches un tant soit peu reproductibles seront mieux assurées et à moindre coût par des robots et des algorithmes. Cette révolution va non seulement toucher des fonctions de production industrielles déjà largement impactées, mais plus encore des fonctions intellectuelles : les diagnostics les plus efficaces en matière de santé seront assurés par des machines, de même que certaines tâches relatives aux études juridiques, etc.

d'autres abuseraient sans vergogne du système de redistribution.

Toutes les études confirment pourtant que la précarité et la vulnérabilité sont massivement subies et non pas voulues. Mais sur ce terreau, plutôt que de favoriser un discours réaffirmant les principes d'une démocratie sociale, les responsables politiques ont largement concouru à alimenter la défiance. D'abord, en étant les premiers à parler d'« assistanat ». Ensuite, en légitimant cette appellation comme s'il s'agissait d'un phénomène massif. Enfin, en entretenant dans leur discours le rejet systématique de l'impôt, comme s'il incarnait le mal absolu.

Cette dérive savamment organisée et qui nous mène au désastre s'est nourrie de deux autres éléments. D'abord, la contradiction centrale entre la revalorisation du travail et du mérite d'une part, et, de l'autre, la critique simultanée de l'impôt sur les successions. Si l'on prône la nécessaire récompense du talent et de la réussite, comment justifier qu'on cherche dans le même temps à limiter, voire à abolir, l'impôt sur les droits de succession, alors même qu'ils favorisent les « fils ou filles de », quel que soit leur propre mérite ? Ensuite, une justification de l'impôt et de ses hausses comme servant à combler les déficits de l'État, ce qui revient, de manière absurde et dommageable, à réduire la fiscalité à sa fonction purement budgétaire, en lui déniant sa véritable vocation : veiller à assurer par une redistribution équitable la cohésion entre les diverses composantes de la société.

La PRAF-attitude s'alimente à l'évidence de cette défiance croissante à l'égard des impôts et de la perte de sens, aux yeux de beaucoup qui n'en ont « plus rien à faire », de sa fonction politique.

Désormais, 45 % de nos concitoyens vont jusqu'à approuver que « certains Français décident de s'installer à l'étranger pour payer moins d'impôts[1] », tandis que le fait de frauder s'en trouve de plus en plus justifié : si « les plus nantis » le font, pourquoi les moins favorisés s'en priveraient-ils ? C'est ici la fonction citoyenne de toute fiscalité qui est remise en cause par ceux qui voient en elle un fléau bien plus qu'un nécessaire régulateur.

1. Le clivage politique reste cependant majeur : 60 % des sympathisants LR approuvent la décision de certains Français de s'installer à l'étranger pour payer moins d'impôts tandis que 84 % des sympathisants PS la désapprouvent.

DEUXIÈME PARTIE

L'accélérateur de la PRAF-attitude : la crise de la politique et ses impasses

Les Français étaient 70 % à déclarer s'intéresser à la politique dans les années 1970. Ils ne sont plus que 50 % environ aujourd'hui. Ce chiffre est cependant relativement stable depuis maintenant plusieurs années.

L'abstention électorale a considérablement augmenté au cours des trente dernières années. Mais là encore, elle s'est globalement stabilisée, notamment lors des élections intermédiaires (régionales, européennes ou municipales), et la participation demeure élevée à la présidentielle.

À l'évidence, d'anciens mécanismes ne fonctionnent plus. À l'évidence aussi, d'autres tiennent relativement bien. Dans ces moments de transition, on parle en général de « crise ».

Définition de la crise selon Gramsci : « Le vieux monde se meurt. Le nouveau monde tarde à apparaître. Et dans ce clair-obscur surgissent les monstres. » Autre définition, plus sobre, du même auteur : « La crise consiste justement dans le fait que l'ancien meurt et que le nouveau ne peut pas naître. Pendant cet interrègne, on observe les phénomènes morbides les plus variés. »

Pour qualifier la crise actuelle du politique, car crise il y a, nous retiendrons la seconde formulation. Elle a le mérite d'insister sur les idées de blocage (« ne peut pas naître ») et de décomposition (« phénomènes morbides ») tout en laissant ouvert le champ des possibles : les « phénomènes morbides » ne fixent pas l'avenir autour de la survenue de monstres. Ceux-ci sont possibles mais pas inéluctables. C'est ce que je crois.

Cette crise renvoie en effet à six mécanismes de décomposition, ou mécanismes morbides.

C'est une crise de l'action et du résultat, qui engendre une crise de la vacuité. Mais c'est aussi une crise de la représentation. Une crise d'exemplarité. Une crise de leadership. Et une crise organisationnelle et de lisibilité.

1

L'action sans résultat

La crise du résultat a été maintes fois décrite. Elle n'en reste pas moins centrale. Son vecteur le plus puissant est naturellement le chômage. Depuis presque quarante ans maintenant, la France vit avec un chômage de masse touchant plus de 7 % de la population active. Quarante ans, soit deux générations. Et la France est un cas unique à cet égard.

Non seulement ce chômage désagrège la société, provoque des situations individuelles et familiales dramatiques, de misère, d'humiliation et d'exclusion, mais il déséquilibre aussi les comptes sociaux et oblige les Français à de nouveaux efforts.

Le chômage est la clé de tout ou presque. Il est statistiquement corrélé au moral des Français.

Son maintien à un niveau élevé signe l'échec du politique et son impuissance. Les alternances successives s'y sont cassé les dents, engendrant désespérance et scepticisme. Autant dire que sans amélioration significative du niveau de l'emploi, il n'y a aucune chance que le moral des Français s'améliore ni que la confiance à l'égard de nos dirigeants puisse progresser. Car la confiance est consubstantielle au résultat. Un chef d'entreprise qui n'en produit pas perd celle de ses salariés. Un président qui exerce le pouvoir pendant cinq ans et qui termine son mandat avec une augmentation du chômage perd tout crédit, après avoir échoué à conjurer l'angoisse majeure des Français.

Dans une interview importante accordée au *Figaro* le 12 novembre 2012, Patrick Buisson a théorisé l'inverse de ce que j'avance. Son argumentation mérite d'être rappelée. Je la tiens pour spécieuse mais, compte tenu de son influence dans le débat public en général et auprès de certains décideurs politiques en particulier, il convient d'expliquer ici pourquoi.

Que dit Patrick Buisson dans cette interview ?

« Le contexte économique, l'emploi, le pouvoir d'achat sont autant d'éléments qui peuvent infléchir dans un sens ou dans un autre la popularité des dirigeants. Ils n'interviennent que très accessoirement dans la construction du vote. Pour une raison simple : depuis une vingtaine d'années, les Français ont le sentiment diffus mais juste que la mondialisation a dans le domaine de l'économie considérablement érodé les marges de manœuvre du politique. Ils ont donc tendance à exonérer l'exécutif de sa part de responsabilité dans la sphère de l'économie, alors qu'ils le considèrent comme pleinement en charge de tout ce qui relève de la sphère régalienne. Là se situe le biais cognitif entretenu par les médias à propos des enquêtes d'opinion sur les priorités des Français. Interrogés sur cette question, les sondés placent invariablement l'emploi, le pouvoir d'achat et la santé comme "tout à fait prioritaires". Or, ces items ont en commun de ne se prêter à aucune discussion. Ils sont purement rhétoriques au sens où leur négativité n'existe pas : personne ne peut être favorable à l'accroissement du chômage, à une dégradation du pouvoir d'achat ou à une détérioration de notre système de santé. En revanche, les priorités affichées ensuite, comme la lutte contre l'immigration clandestine, la sécurité ou la diminution de la dette sont sous-tendues par des débats qui renvoient à de vrais clivages. Il est donc normal qu'elles apparaissent "moins prioritaires", alors qu'elles le sont tout à fait dans la réalité. »

Tout est faux dans ce que soutient là Patrick Buisson.

Tout d'abord, même si les Français considèrent que la mondialisation a « érodé les marges de manœuvre » des politiques (on est là dans le registre des évidences), rien ne permet en revanche de conclure qu'ils « exonèrent le politique de sa part de responsabilité dans la sphère de l'économie ». Et ce pour une raison très simple : ces mêmes Français ont parfaitement intégré que, mondialisation ou pas, d'autres pays comparables à la France ont un taux de chômage bien inférieur. Et que si ces pays connaissent parfois des pics de chômage importants, la mise en œuvre de politiques économiques différentes a permis, chez eux, de le ramener à 5 %.

En d'autres termes, la politique a bien une influence sur le taux d'emploi et nos concitoyens ont parfaitement intégré cette idée. La véritable question n'est donc pas celle-là. Ce que de nombreux Français refusent, à tort ou à raison, c'est un système qui permettrait de faire baisser le chômage au prix d'une plus grande précarité. Du moins refusent-ils de poser le problème en ces termes. Là réside l'enjeu pour eux. Là est le choix de société.

Le raisonnement est le même s'agissant du pouvoir d'achat. La fiscalité en est une des composantes majeures. Qui soutiendrait que les gouvernements n'opèrent pas des choix différents dans leur politique fiscale ? Qui peut penser qu'entre la droite et la gauche les choix ne sont pas différents et que ceux-ci n'ont pas une incidence sur le pouvoir d'achat ?

La deuxième erreur de Patrick Buisson consiste ensuite à affirmer que les Français considèrent l'exécutif « comme pleinement en charge de tout ce qui relève de la sphère régalienne ».

On est là dans une succession d'affirmations non démontrées. Rien ne permet de prouver que nos compatriotes se font une telle idée d'un pouvoir disposant de toutes les marges de manœuvre dans le domaine régalien. Concernant par exemple l'insécurité et la délinquance, il y a longtemps que les Français ont compris qu'il s'agissait là de phénomènes complexes où l'État avait certes un rôle éminent à jouer, mais aussi et malgré tout des possibilités d'influence limitées. Ils savent bien, et ont raison de le penser, que la question de l'éducation se joue pour partie dans la sphère privée et ne dépend pas du seul rôle de l'État.

Plus problématique encore pour la thèse défendue par l'ancien conseiller en stratégie d'opinion de Nicolas Sarkozy, les Français estiment que les questions économiques et les questions de sécurité sont intimement liées. Qu'un foyer frappé par le chômage a statistiquement plus de risques qu'un autre de sombrer dans la délinquance et que celle-ci est plus forte dans des quartiers difficiles que dans les quartiers aisés.

Si l'on prend la question du terrorisme, le constat est le même. Les Français exigent une obligation de moyens, mais sont conscients du fait que le résultat ne dépend pas que du pouvoir en place.

Tout comme en matière économique, il n'y a donc pas, sur ces enjeux, de vérité radicale et caricaturale selon laquelle ils jugeraient que l'État est soit tout-puissant soit totalement impuissant. À leurs yeux, les problèmes sont plus complexes et dans l'alchimie électorale, contrairement à ce qu'affirme là aussi Patrick Buisson, toutes ces dimensions entrent en ligne de compte et en interaction.

La vraie difficulté est de parvenir à les démêler en fonction de chaque électorat.

Sa troisième erreur est l'interprétation qu'il fait des enquêtes d'opinion relatives aux attentes des Français.

Dans la hiérarchie de leurs préoccupations, les plus importantes, note-t-il, sont d'ordre économique : emploi, pouvoir d'achat notamment. Pour qui entend prouver le contraire, à savoir que tout se joue dans la sphère régalienne, il y a là pour le moins un paradoxe et même une contradiction.

D'où la pirouette de Patrick Buisson et une soudaine théorie du « biais cognitif » consistant à dire que les enjeux économiques seraient faussement consensuels, ce qui expliquerait leur niveau élevé, alors que la lutte contre l'immigration clandestine ou l'insécurité renverraient, elles, « à de vrais clivages ».

S'il existait un tel « biais cognitif », celui-ci ne pourrait être que structurel et non intermittent. Il est ou il n'est pas. Or, s'il existait, comment comprendre que, peu avant l'élection présidentielle de 2002, la question de la sécurité soit passée en tête dans les inquiétudes des Français, phénomène justement mesuré par les enquêtes d'opinion ? Cela prouve bien que, selon les moments, les problématiques sécuritaires peuvent supplanter les problématiques économiques, tout comme aujourd'hui le terrorisme, qui renvoie pourtant à de nombreux clivages, est très haut dans les préoccupations. Rien par conséquent n'empêcherait que le phénomène soit mesuré par les sondages.

Prétendre, en outre, que des questions comme l'emploi ou le pouvoir d'achat « ne se prêtent à aucune discussion », contrairement aux enjeux régaliens qui eux sous-tendraient de véritables débats, est confondant de méconnaissance des réalités.

Si l'on interroge un électeur du Front de gauche, du Parti socialiste, des Républicains ou du Front national sur le chômage, ses causes et les solutions à mettre en œuvre, on obtient bel et bien quatre réponses différentes, grosso modo motivées comme suit. Le premier mettra en avant le système capitaliste, l'avidité de l'actionnaire et le poids de la finance internationale. Le deuxième pointera la nécessité de mieux concilier offre et demande, de réguler et de négocier entre partenaires sociaux, d'agir par exemple sur la fiscalité. Le troisième soulignera le poids des charges et des contraintes qui pèsent sur les entreprises, les normes et l'importance de libéraliser davantage le système. Le quatrième insistera sur l'immigration comme cause du chômage et l'urgence de la limiter ou de s'y opposer.

S'il n'y a pas là matière à clivages et à débats, on se demande à quoi sert encore la politique !

Enfin, et à moins de prendre les Français pour des imbéciles, comment penser sérieusement, comme l'affirme Buisson, que si « personne ne peut être favorable à une aggravation du chômage ou à une diminution du pouvoir d'achat », cette affirmation ne vaudrait pas pour l'insécurité ? Comme si certains pouvaient être favorables à son augmentation !

À n'en pas douter, la crise du résultat est bien un élément central de la crise du politique et elle affecte tout autant la sphère économique que la sphère régalienne. En 2012, les Français ont sanctionné le bilan de Nicolas Sarkozy sur ces deux dimensions, certes à des niveaux différents mais dont ils le tenaient dans les deux cas pour responsable[1], et elles seront à nouveau toutes deux présentes dans l'élection de 2017. Que Patrick Buisson ait orienté la campagne de Nicolas Sarkozy sur les enjeux [illegible] ment précipité la chute de ce dernier en le privant d'un vote de centre droit très [illegible] hostile à la surenchère [illegible] coup s'est reporté [illegible] au second tour, réfugié dans [illegible] blanc, mais a surtout induit pour longtemps [illegible] droite française dans une [illegible] majeure.

C'est la [illegible] stratégie majeure, [illegible] la rupture entre les deux [illegible] traîné la défaite de Nicolas Sarkozy [illegible] primaire de la droite et du centre, [illegible] ajoutées.

Et c'est toujours [illegible] fait que Patrick Buisson [illegible] économique du programme [illegible] raisons de sa victoire [illegible]

1. En témoigne [illegible] pour *L'Obs* les 23 et 24 mars 2012 : 63 % des Français jugeaient le bilan de Nicolas Sarkozy globalement négatif, 35 % seulement globalement positif. En matière de pouvoir d'achat, il était jugé négatif par 83 % des Français. Négatif également à 81 % sur l'emploi. À 61 % sur l'immigration, à 51 % sur la sécurité et à 70 % sur le logement.

Cette crise de l'efficience du politique est une des causes essentielles du PRAF qui éloigne un nombre croissant de Français de leur classe dirigeante. Pourquoi en serait-il autrement si les choses sont condamnées à ne pas changer en dépit des alternances ?

En 2016, 65 % des Français estiment que « quel qu'il soit, aucun gouvernement n'est en mesure d'obtenir de véritables résultats ». Soit onze points de plus en huit ans. Et ce n'est peut-être pas fini…

2

La vacuité du contenu

Cette crise du résultat est tellement profonde que les responsables politiques sont incités, pour tenter de démontrer leur efficacité, à aller toujours plus loin dans le souci de manifester à tout prix leur proximité avec les Français.

Le 3 décembre 2011, deux heures avant un déjeuner de travail avec Angela Merkel consacré à la crise de la zone euro, Nicolas Sarkozy annonce ainsi des mesures de modernisation de la ligne A du RER, particulièrement saturée, et l'inauguration de nouvelles rames. Le 6 juillet 2016, un communiqué nous apprend que François Hollande a célébré les fruits et légumes français à l'Élysée, à l'occasion d'une réception pour le quarantième anniversaire de l'interprofession dont il a loué le rôle « culturel et social ». Peu de temps auparavant, le 9 juin, un autre communiqué indiquait : « Le président de la République est heureux d'annoncer l'ouverture au public du fort de Brégançon [...] du 18 juin au 25 septembre prochain, sous la responsabilité du Centre des monuments nationaux. »

La question de savoir « à quoi sert un président » devient ainsi de plus en plus floue et relative. Où mettre le curseur entre l'action et le sens, les mesures concrètes et la vision, ce qui « relève de l'essentiel », comme le disait le fondateur de la Ve République, et ce qui procède de l'immédiat, d'un quotidien certes important mais qui peut aussi être le plus trivial ?

Aujourd'hui, plus personne ne semble capable d'établir la moindre hiérarchie entre le fondamental et l'accessoire.

Est-ce au président de la République d'annoncer de nouvelles rames pour le RER A, ou à Guillaume Pepy, patron de la SNCF ? Est-ce encore au chef de l'État d'indiquer depuis l'Afrique du Sud qu'un accord d'un montant d'un milliard et demi d'euros a été signé entre GDF Suez et ce pays pour la construction d'une centrale thermique, ou au responsable de cette entreprise ?

Or, si le président de la République dessine une vision globale, tente de donner du sens à la place de la France dans le monde et de justifier ainsi son action et sa direction, il apparaît très vite comme déconnecté de la « vraie vie », hors sol, trop abstrait. S'il prend des mesures concrètes et en fait état, on lui reproche à l'inverse de n'être que dans le catalogue de mesures ou la boîte à outils, de n'avoir aucune vision. S'il s'adresse aux Français à la télévision et qu'il n'a pas une annonce spécifique dans sa besace, ses propos ne seront même pas repris par les médias.

Cette difficulté majeure et apparemment insoluble à laquelle le politique se trouve confronté est largement issue des frustrations et demandes contradictoires des Français. Mais faute de pouvoir réellement identifier les contenus sur lesquels agir et se battre et puisque cette crise du résultat touche indistinctement tous les partis de gouvernement et leurs leaders, l'alternative consiste à surjouer la posture et pour cela à pianoter sur trois registres distincts.

Le premier est celui de l'indignation et de la dramatisation permanentes.

Cela consiste à monter en épingle certains sujets, à faire croire que quelque chose d'« absolument fondamental » est en train de se jouer, dont les conséquences seraient à la fois extrêmes et dramatiques. Quitte à friser le ridicule, peu importe. L'essentiel pour le responsable politique est de parvenir de cette manière à justifier son utilité et à séduire au moins pour un temps une partie de l'opinion publique. Il se donne par là même des airs de vigie attentive et combative, voire avant-gardiste, car particulièrement lucide.

Un exemple typique est la façon dont Jean-François Copé, alors président de l'UMP, a brandi le 9 février 2014, lors du « Grand Jury » RTL-LCI-*Le Figaro*, un livre jeunesse intitulé *Tous à poil* : « Quand j'ai vu ça, mon sang n'a fait qu'un tour. Ça vient du Centre de documentation pédagogique, ça fait partie de la liste des livres recommandés aux enseignants pour faire la classe aux enfants de primaire », a-t-il expliqué en tournant les pages. Et de s'exclamer : « On ne sait pas s'il faut sourire, mais comme c'est nos enfants, on n'a pas envie de sourire [...]. À poil le bébé, à poil la baby-sitter, à poil les voisins, à poil la mamie, à poil le chien [...]. À poil la maîtresse... Vous voyez, c'est bien pour l'autorité des professeurs ! Il y a un moment, a-t-il ajouté dans son langage, où il va falloir qu'à Paris on atterrisse sur ce qui est en train de se faire dans ce pays [...]. Le rôle des responsables de l'UMP, c'est de dire "Ça suffit" », conclut-il en accusant le gouvernement d'être « pétri d'idéologie ».

Dans les jours suivants, l'ancien ministre a poursuivi sa diatribe en dénonçant une pernicieuse théorie du genre introduite dans ces mêmes programmes éducatifs. Or, vérification faite, il apparaît non seulement que le livre *Tous à poil* n'était absolument pas « recommandé » aux enseignants par le ministère de l'Éducation nationale, mais aussi qu'aucune théorie du genre, au sens que lui donnait Jean-François Copé, n'existait en tant que telle. L'« ABCD de l'égalité » mis en place par Najat Vallaud-Belkacem aurait même dû plaire à ce dernier puisqu'il est en accord avec ce que l'UMP avait elle-même, lors de ses états généraux du 9 juin 2011, préconisé de faire pour assurer un meilleur respect entre hommes et femmes. Ce qui faisait dire à Benoist Apparu, ancien ministre et député LR de la Marne, qu'il n'avait « aucun problème de fond » avec cet outil pédagogique dans la mesure où il s'inscrivait « dans le prolongement de ce que nous avons fait et de ce que l'on fait depuis de très nombreuses années, à savoir lutter contre ce que l'on appelle les “stéréotypes de genre” ».

Reconnaissons à Jean-François Copé le mérite d'avoir aujourd'hui l'honnêteté et l'humour de dire que, sur bien des sujets, il ne faisait à l'époque pas toujours dans la dentelle ! Cela est suffisamment rare pour être souligné. Ajoutons aussi que ce registre sur lequel il s'est hasardé n'est pas l'apanage d'un parti politique spécifique (on s'en servit à gauche contre Nicolas Sarkozy sous le quinquennat précédent, de manière parfois tout aussi ridicule), et qu'il est bien la conséquence d'une crise structurelle du résultat en politique.

Il reste que si cette façon de procéder ne trompe personne ou presque, elle contribue à détourner toujours plus les Français de la politique au lieu de les en rapprocher.

Pour trouver une explication rassurante à cette crise du résultat en laissant entendre que demain et avec d'autres les choses seront naturellement différentes, rien ne paraît également plus utile que d'exploiter un deuxième registre, qui serait celui du courage, ou plutôt du manque de courage.

Certes, cet argument n'est pas totalement nouveau en politique. Mais on l'a vu durant ces dernières années prendre de plus en plus de place dans les débats, en guise d'explication.

Si les réformes nécessaires ne sont pas faites, ce n'est pas parce que le pouvoir en place a un avis différent sur la question ou qu'il juge ces mesures – présentées comme inévitables – inutiles ou inadaptées. Non, c'est tout simplement parce qu'il manque de courage.

Rarement un tel concept aura été aussi pernicieux et ravageur pour la politique. Il sous-entend que les gouvernants savent ce qu'il faudrait faire dans l'intérêt général mais ne le font pas pour de basses raisons électoralistes.

Car dans un tel paradigme, être courageux, c'est naturellement accepter d'être impopulaire. Derrière cette idée se cache la figure tutélaire de Charles de Gaulle, celle du grand homme qui faisait abstraction de sa personne au profit de la France et d'elle seule, le géant dont la stature trancherait sur la médiocrité de ceux qui nous dirigent.

Dans cette présentation des choses, on oublie que de Gaulle fut un président particulièrement populaire. Et de fait, on se demande bien pourquoi courage et impopularité devraient se confondre.

Car de deux choses l'une : soit le pouvoir prend de bonnes mesures, nécessaires, qui vont dans le sens de l'intérêt général, et le peuple, qui est tout sauf sot, devrait s'en rendre compte et lui en savoir gré. Dès lors, la popularité de l'exécutif devrait augmenter. Soit ces mesures dites « courageuses » le rendent, étrangement, impopulaire, ce qui suppose que le peuple, décidément aveugle et imbécile, manque totalement de discernement. La théorie du courage va donc de pair avec une conception en réalité très méprisante des Français.

Elle est aussi consubstantiellement liée à un refus du compromis, ce qui est pourtant l'art, voire l'essence même du politique. Derrière l'appel au courage, il y a l'idée d'un pouvoir fort et vertical, qui ne céderait pas, ne chercherait pas à négocier, à trouver une voie de passage entre des intérêts légitimes et contradictoires. Et c'est bien là le nœud de l'affaire. Le refus au bout du compte qu'il puisse y avoir des intérêts qui s'opposent, sans cesser d'être, malgré tout, les uns et les autres, parfaitement légitimes.

La rhétorique du courage a ainsi une triple fonction. Accréditer l'idée de l'efficience de la politique en laissant entendre que les problèmes actuels relèvent d'un déficit de testostérone, lequel vole ainsi au secours de la crise du résultat. Les choses sont simples : il suffit de vouloir. La vraie crise est une crise de la volonté. Ce faisant, il s'agit de redonner de l'espoir – ou de l'illusion. Deuxième fonction : laisser entendre qu'une solution d'intérêt général existe. Qu'il n'y a pas de complexité, de conflits sociaux légitimes opposant des intérêts divergents et appelant à des compromis, à des solutions négociées et donc parcellaires. Enfin, discréditer le pouvoir en place, quel qu'il soit, en le désignant comme médiocre, lâche, préoccupé de lui-même et non du bien commun.

Cette rhétorique est en tous points calamiteuse. Elle ruine encore plus la confiance des Français à l'égard des politiques. Et elle fabrique systématiquement un effet boomerang où l'arroseur, une fois au pouvoir, devient l'arrosé qui se voit accusé de ne pas avoir fait les réformes nécessaires. Nicolas Sarkozy l'a dit de Jacques Chirac. Et à l'issue de son propre quinquennat, il s'est vu à son tour reprocher d'avoir été un pâle réformateur. Le même procès est instruit envers François Hollande. Et il se poursuivra, c'est une certitude, à l'égard de ses successeurs, quels qu'ils soient, si nous ne sortons pas de cette rhétorique stérile.

Nous l'avons tous noté, si les choses vont mal en France, c'est que nos dirigeants successifs ont une « approche idéologique des choses » : soit socialiste, soit libérale. Deux termes devenus quasi injurieux aujourd'hui.

Seule solution, et troisième registre, pour conjurer ce double fléau : le pragmatisme, porteur de sagesse mais surtout de vérité, tandis que socialisme et libéralisme ne véhiculeraient que mensonge et opacité.

En réalité, le pragmatisme est au modéré ce que l'étendard du courage est à l'excité.

Une idéologie n'a en soi rien de scandaleux, bien au contraire. Il s'agit d'une tentative de donner du sens au monde et à ce qui nous arrive ici et maintenant, à travers une grille d'interprétation du réel. L'idéologie relève de la connaissance, procède d'un effort d'explication. Cela vaut pour le marxisme comme pour le libéralisme. Sa deuxième fonction est d'agréger, d'unifier les opinions autour d'une vision commune de ce qu'est le monde.

Elle apporte enfin un principe d'action. Armés d'une vision partagée de ce qu'est le monde et de pourquoi il est ce qu'il est, nous pouvons agir et interagir avec lui.

Comprendre. Unifier. Agir. Les idéologies sont fonctionnelles et fondamentales. Ce qui ne veut pas dire qu'elles se valent toutes. En dénonçant une approche *idéologique* des choses, le pragmatisme s'attaque donc à une démarche centrale. Mais ne soyons pas dupes : en réalité, il constitue lui-même une parfaite idéologie, qui se dissimule en tant que telle.

Le pragmatisme n'est rien d'autre qu'une idéologie ayant pour fondement l'idée selon laquelle le réel peut se donner à voir et à comprendre dans son immédiateté, et affirmant qu'il existe des lois naturelles et éternelles que l'on peut très évidemment repérer pour peu qu'on les débarrasse de ce qui obscurcit la vision et le jugement – ce que feraient précisément les idéologies !

Pour le pragmatique, le réel n'est pas une construction humaine, sociale, politique ou historique. Autrement dit, il nie qu'il n'y a aucune fatalité à ce que le monde soit tel qu'il existe aujourd'hui. À ses yeux, cet « état de fait » résulte d'une histoire fondée sur des « faits indiscutables ». Non de visions, de valeurs, de rapports de force, de circonstances historiques et politiques qui se seraient affrontées pour déterminer le fonctionnement de la société. « Des faits *indiscutables* », la formule dit bien ce qu'elle veut dire. À ce stade, le pragmatique traitera volontiers son contradicteur d'idéologue ou de bavasseur alors que ce dernier cherche tout au plus à *interpréter* le réel, à décrypter ce qui s'est joué à tel moment et pourquoi, afin de mieux comprendre une situation qui n'a rien de naturel et éventuellement parvenir à la modifier.

Le pragmatique entretient une idée du réel qui relève à la fois d'une forme de naïveté (il confond les lois physiques et l'histoire humaine) et d'un système de valeurs en réalité solidement établi. S'il y a de l'injustice, celle-ci renvoie, pour lui, à une forme d'ordre naturel qui n'a pas à être changé ou à la marge seulement. Alors que toute civilisation se fonde précisément sur le passage de la force au droit et à l'élaboration de valeurs qui nous arrachent à la forme brute du réel.

Dans le débat public, le pragmatisme est devenu un argument polémique. Moins agressif et dévastateur pour la politique que la dénonciation d'un prétendu manque de courage, mais l'appel « au bon sens » relève du même paradigme et de la même fausse croyance.

La vérité est que nous ne manquons pas en France de pragmatisme, mais plutôt d'expertise et d'évaluation, et l'on confond trop souvent ces notions.

Un exemple parmi d'autres : la pénibilité au travail, sujet sur lequel s'opposent deux idéologies sous-jacentes. Pour la gauche, à partir du moment où il est démontré que certains métiers ont un impact sur l'espérance de vie, il est normal, en termes de justice, de prendre en compte cette dimension dans le calcul des années travaillées pour toucher une retraite à taux plein. Pour la droite, en revanche, ce n'est pas le rôle des entrepreneurs, dont la liberté est déjà trop bridée, de s'occuper de la mise en place de tels indicateurs complexes et nécessitant un temps de relevé important.

Ce débat existe et mérite d'être posé. Point n'est besoin pour cela de le camoufler derrière l'appel au pragmatisme ou au bon sens. Qu'une idéologie, fût-elle d'inspiration libérale ou socialiste, amène à prendre telle ou telle mesure est en soi logique et cohérent. En revanche, celle-ci devrait être accompagnée d'un système d'évaluation permettant de savoir si l'objectif poursuivi est atteint ou non. On pourrait le faire à propos de la pénibilité, comme sur d'autres sujets. Si tel était le cas, on identifierait de manière bien plus claire et simple les idéologies dont chacun se réclame et dont les politiques publiques sont la marque. Une telle clarification aurait l'avantage de montrer qu'il y a derrière chaque décision des systèmes de valeurs à l'œuvre, des choix de société qui s'affrontent, et permettrait de mieux percevoir ce qui différencie gauche et droite.

Alors que l'appel au pragmatisme prétend clarifier les choses en les débarrassant de ce qui les obscurcit, paradoxalement, il fait tout le contraire en entretenant la confusion à force de nier toute idéologie et de prétendre vouloir dépasser les clivages politiques.

Sous prétexte d'apaiser le débat (puisque les idéologies, c'est bien connu, entretiennent la discorde), il aboutit au résultat inverse : au lieu de permettre une juste appréciation des points de vue et des références à l'origine des politiques menées, et d'aider à identifier clairement les sujets d'accord ou de désaccord, il veut faire croire qu'il existe un consensus simple et des solutions évidentes. Or, comme Clausewitz[1] l'expliquait fort bien, *la guerre survient non pas quand il y a des désaccords mais quand il n'y a même plus accord sur les désaccords*.

Le pragmatisme est ainsi, tout comme le recours à l'indignation permanente ou l'appel récurrent au « courage », une tentative fallacieuse de nous persuader que la crise du résultat peut être facilement résolue, pour

1. Carl von Clausewitz, *De la guerre*.

peu que, d'un commun accord, l'on fasse preuve d'un rien de « bon sens » !

L'enjeu essentiel de la politique tient à son contenu, à sa capacité à transformer le réel. Autrement dit à améliorer la vie de chacun en s'appuyant sur des principes et des valeurs clairement énoncés.

Comme cet enjeu est éminemment complexe et difficile à élaborer puis à mettre en place, a fortiori dans une société où les partis politiques ont déserté ce rôle pour devenir de simples écuries présidentielles, les postures que nous avons analysées précédemment se substituent, à de rares exceptions près, au travail de fond. C'est pourquoi à la crise du résultat s'ajoute une crise de la vacuité. Les discours ne disant rien ou si peu, on compense la faible argumentation sur les contenus par une hypertrophie des attaques *ad hominem*. Celles-ci ont évidemment de tout temps existé en politique. Ce qui a changé, ce n'est pas leur degré de violence, mais la fonction même qui sert à les justifier.

La virulence, et même l'ignominie, des attaques contre Nicolas Sarkozy, puis François Hollande, servait essentiellement à compenser la faiblesse idéologique de leurs adversaires, à gauche comme à droite.

Le problème désormais est qu'un nombre croissant de Français ne sont plus dupes de ces duels et joutes verbales dont ils perçoivent bien la vacuité.

Certains réagissent avec colère pour adopter une PRAF-attitude rageuse, tendance « plus rien à foutre », ou se tournent vers le Front national. D'autres, avec dépit et détachement, nourrissent la PRAF-attitude du « plus-rien-à-faire ». Qui pourrait vraiment le leur reprocher ?

3

La représentation en question

Non seulement les hommes et les femmes politiques ne produisent plus de résultats et tentent de compenser cette impuissance par autant de postures, mais une large majorité des Français – 83 %, selon les derniers sondages – estiment que leurs idées ou leurs attentes ne sont pas bien représentées[1]. Cela est d'autant plus problématique que l'élu est celui à qui l'on a délégué la fonction « d'être nous », mais aussi de prendre des décisions en notre nom, comme c'est la vocation de toute démocratie représentative.

Sociologiquement, la représentation nationale n'a jamais coïncidé avec la réalité populaire. Il y a toujours eu plus d'hommes, de cadres, de fonctionnaires, de gens aisés et âgés à l'Assemblée nationale que de personnes jeunes, de femmes ou de représentants des milieux les plus modestes.

Cela n'est pas un problème rédhibitoire si les élus tiennent des discours et prennent des décisions reflétant correctement les aspirations du peuple. Pas plus qu'il faudrait avoir connu la misère pour défendre les

1. Enquête Ipsos « Fractures françaises », voir note 1, p. 95.

pauvres, il n'est forcément nécessaire d'être médecin pour conduire une bonne politique de santé ou agriculteur pour être un bon ministre de l'Agriculture.

Mais précisément le sentiment majoritaire aujourd'hui, celui qui monte depuis longtemps, est que les hommes et femmes politiques ne tiennent pas ou plus leurs promesses. Au risque de choquer certains, je pense que ce sentiment est bien souvent excessif.

Certes, il y a bien un écart entre tout ce qui a été annoncé pendant la campagne et le résultat final. Mais, lors du quinquennat de Nicolas Sarkozy comme de celui de François Hollande, cet écart s'explique aussi par l'évolution de la situation : en cinq ans, il n'est pas scandaleux que des ajustements plus ou moins profonds aient été opérés en fonction de l'évolution de la conjoncture.

D'où provient cependant ce sentiment très ancré d'engagements non tenus, voire de trahison ? D'abord de la crise du résultat, encore et toujours. Quand les problèmes perdurent (chômage, pouvoir d'achat, insécurité, retraites, etc.), il est insupportable de constater que tous les engagements, même les plus anodins, n'ont pas été respectés. La conviction d'être floué n'en est que redoublée.

À cela s'ajoute le fonctionnement actuel du système politique, qui rend impossible tout exercice d'explication ou de justification : si un pouvoir tente d'indiquer aux Français pourquoi il modifie tel aspect de sa politique, ou pourquoi il ne prend pas telle mesure initialement envisagée, il est immédiatement accusé de mensonge ou de reniement tant par l'opposition que par les médias. L'opposition, parce qu'elle y voit l'occasion d'affaiblir le pouvoir en place, a fortiori si l'inflexion va dans le sens qu'elle indique comme souhaitable. Ainsi, plutôt que de la saluer au nom de l'intérêt du pays (ce qu'elle pourrait faire en rappelant qu'elle prônait elle-même une telle direction), elle « canarde » l'exécutif sur l'air du reniement pour mieux le mettre en porte à faux avec son électorat – tout en soulignant, naturellement, que ce qu'il fait est encore très insuffisant. Quant aux médias, toute inflexion de l'exécutif leur donne la possibilité de faire du « fact checking » et de montrer ainsi leur indépendance à l'égard du pouvoir. Cela est naturellement nécessaire et utile, mais à l'excès, nourrit la colère, la frustration et le sentiment de mensonge, a fortiori si l'explication gouvernementale est insuffisante.

Or, ce qui devrait compter, c'est l'ensemble du puzzle, non l'une de ses pièces isolées. Si seules certaines pièces ont été modifiées pour des raisons assumées et expliquées, le procès en trahison ne tient pas.

Il reste que ce sentiment de mensonge et de promesses non tenues trouve aussi son fondement dans la réalité et, notamment, celle de campagnes électorales dès l'origine démagogiques, où la surenchère est de mise, quitte ensuite à enterrer des annonces que l'on savait de toute façon impossibles à mettre en œuvre. Et de ce point de vue, les Français ont bien raison d'être en colère !

Pour toutes ces raisons, le sentiment de ne plus être écouté et de ne plus vivre en démocratie s'est amplifié.

La dénonciation de l'utilisation du 49.3 comme outil non démocratique à l'occasion de la loi travail et de la loi Macron n'est qu'une des expressions de ce grief grandissant, tout comme la recherche de mécanismes participatifs en amont et en aval de l'élection.

Pour de nombreux Français, voter, c'est-à-dire reconduire ou sanctionner, ne suffit plus à les rassurer sur le fait que nous sommes vraiment en démocratie.

La crise de la représentation est donc bien plus qu'un simple écart entre le profil sociologique des élus et la réalité de la société française. Elle se traduit désormais par une véritable défiance envers ceux qui, censés nous représenter, abuseraient leurs électeurs selon un processus mensonger quasi structurel. Dès lors, le pouvoir politique, décrié pour son incapacité à résoudre les grands problèmes et suspecté de mentir à l'opinion, est perçu comme nuisible, c'est-à-dire dangereux ou destructeur.

Ce que confirme le résultat stupéfiant d'un sondage qui fait apparaître que seuls 3 % des Français estiment que l'action du gouvernement améliore leur situation personnelle, 60 % qu'elle la détériore et 36 % qu'elle n'a pas d'incidence sur leur vie[1].

Pour des millions de Français, si l'action du pouvoir est réelle, c'est de manière profondément négative et même nocive à leur encontre. Ce pouvoir est devenu une caste fermée sur elle-même qui ne les représente plus. La conduite à tenir est soit de s'en débarrasser, comme le préconise le Front national, soit de s'en détacher le plus possible dans l'espoir de trouver des réponses ailleurs et autrement. C'est la position des PRAFistes.

1. Sondage Ipsos pour le SIG, mai 2016.

4

Le manque d'exemplarité

Qu'est-ce qu'être un président exemplaire aux yeux des Français ? Ce n'est ni être normal, ni être hors norme. Chacun comprend bien que la fonction présidentielle revêt quelque chose d'exceptionnel. Non seulement en raison du poids de la charge, de la responsabilité qu'elle induit, mais aussi de la fonction symbolique dont elle est porteuse : le président représente la France et les Français. Il doit incarner la nation comme incarner une part de nous-mêmes.

Mais chacun comprend bien également que le président n'est pas au-dessus des lois et du droit, qu'il ne peut pas tout se permettre, dans la forme et le ton comme sur le fond. C'est même tout le contraire. Un président exemplaire – comme tout autre élu – a cinq obligations majeures, qui constituent la grille de lecture et d'appréciation à laquelle il est soumis et qui déterminent son niveau de popularité. Dire le vrai. S'oublier et choisir : la France ou les Français. Faire. Assumer. Être juste.

Dire le vrai, c'est aller au-devant des Français et leur dire l'état réel du pays, les enjeux auxquels il est confronté et peut faire face en étant bien armé ou en position de faiblesse.

Dire le vrai, pour un président, c'est aussi dire ce que le politique est en mesure de réaliser, ce qui est de son ressort et ce qui ne l'est pas, ce qui relève de la société et de l'ensemble des acteurs qui la composent. C'est tracer et indiquer clairement le périmètre d'action du gouvernement.

Ces deux points sont essentiels pour rendre confiance aux Français.

Car le pire, dans une situation objectivement difficile, est d'avoir l'impression que le pouvoir cache des choses, que nos dirigeants nous mentent sur ce qui se passe ici et maintenant. C'est dans une telle configuration que les explications complotistes fleurissent et prospèrent : elles ont pour fonction de faire passer du soupçon qui corrompt à l'explication qui rassure. C'est une des raisons de l'échec de François Hollande et de son Premier ministre, Jean-Marc Ayrault, dès l'été 2012.

Leur attitude lors des plans sociaux survenus à ce moment-là a constitué le péché originel du quinquennat.

À peine élue, la nouvelle majorité de gauche doit affronter une rafale de mesures de licenciement sans précédent chez PSA, les plus emblématiques, mais aussi Areva, la Fnac, la SNCM, Cofinoga, ArcelorMittal, Petroplus et bien d'autres encore qui feront l'actualité de l'année.

Dans ce contexte, l'exécutif a, d'emblée, deux solutions possibles.

Soit dire très vite la vérité aux Français, à savoir que la situation économique du pays est dans un état extrêmement grave – et beaucoup plus grave que ce que les dirigeants nouvellement élus pensaient. Une situation qui nécessite une remise en cause partielle ou profonde des engagements de campagne et des mesures énergiques en matière de compétitivité des entreprises, avec à court terme une forte hausse de la fiscalité et sans doute de la TVA.

Soit se lancer dans un bras de fer avec nombre de dirigeants d'entreprise pour diminuer l'impact de ces plans tout en évitant à la fois une potion particulièrement amère et une explication d'ampleur avec l'opinion publique.

C'est cette seconde option qui sera choisie, dans un triple souci. Ne pas donner le sentiment d'une équipe qui découvrirait la réalité en arrivant au pouvoir, ce qui nuirait évidemment à sa crédibilité. Ne pas accroître une anxiété déjà grande, phénomène qui risquerait d'engendrer une chute de la consommation et d'amplifier la crise. Ne pas risquer de déchirer une majorité à peine élue en opérant un virage à quatre-vingt-dix degrés rapide et brutal, qui crédibiliserait a posteriori une partie des critiques que la droite a émises au cours de la campagne présidentielle.

Ce choix, ou plutôt ce non-choix, va se révéler une grave erreur.

Car les Français, dans leur immense majorité, vont osciller entre deux sentiments, les deux pouvant se combiner. L'idée que le nouvel exécutif n'est pas à la hauteur, qu'il est décalé des réalités, qu'il ne se rend pas compte de la gravité de la situation. L'impression, ensuite, que le pouvoir ne dit pas la vérité, qu'il n'en a pas le courage et qu'il ment tout simplement.

Cette réaction initiale sera décisive et explique pourquoi l'inflexion de la ligne économique du gouvernement, à partir de 2014, ne sera jamais véritablement portée à son crédit. Pour les Français, elle vient rétrospectivement confirmer ce qu'ils subodoraient dès l'été 2012 : non seulement qu'on leur a caché la vérité, mais aussi qu'on n'a pas pris les décisions nécessaires, sinon tardivement et sans véritablement reconnaître une erreur de départ.

Si l'épisode de 2012 n'était qu'un épiphénomène, son importance serait toute relative. Le problème est qu'il s'inscrit dans une lignée de décisions et d'affirmations qui semblent confirmer aux Français que mensonge et politique riment bien ensemble.

En effet, selon les statistiques du ministère du Travail et de la direction de l'Animation de la recherche, des études et des statistiques (Dares) mais aussi d'après plusieurs confidences faites par des grands patrons et relayées dans les médias, tout porte à croire qu'une partie des plans sociaux qui explosent à l'été 2012 a été volontairement retardée pour éviter d'alourdir encore le bilan de Nicolas Sarkozy avant le premier tour de la présidentielle de 2012. En janvier et en février 2012, la Dares recense ainsi 135 plans de sauvegarde de l'emploi… contre 164 en 2011 et 225 en 2010. Des plans qui vont en revanche exploser une fois le scrutin passé.

Qu'il y ait eu ou non volonté de différer ces plans sociaux, il reste que le soupçon est fort et terrible, car il paraît indiquer qu'on a falsifié la réalité pour peser directement sur des éléments susceptibles d'influencer le vote populaire. Il vient donc confirmer et amplifier l'idée qu'« on nous ment ». Ce soupçon fait également suite à une décennie chiraquienne au cours de laquelle le président de l'époque, pourtant si populaire, se vit affublé du sobriquet de « super-menteur ». Il s'enracine enfin dans une série de déclarations péremptoires et mensongères depuis la fin des années 1960, souvent rappelées par les médias :

En 1967, la France compte 174 000 chômeurs et Georges Pompidou, alors Premier ministre, déclare : « Si un jour on atteint les cinq cent mille chômeurs en France, ça sera la révolution. »

En 1974, ce chiffre est atteint et le nouveau président, Valéry Giscard d'Estaing, promet : « Le gouvernement fera le nécessaire à temps pour vous protéger du chômage. Il en a la volonté et il en a les moyens. »

En 1976, nous en sommes à un million de chômeurs et Raymond Barre, qui a succédé à Jacques Chirac, assure : « On voit enfin le bout du tunnel. »

En 1981, on en est arrivé à deux millions de chômeurs et Pierre Mauroy, Premier ministre, indique : « Il faudra de dix-huit mois à deux ans pour inverser la tendance et ensuite réduire le chômage. »

Douze ans plus tard, on en sera à un million de chômeurs supplémentaires, malgré les promesses de Pierre Bérégovoy : « Tout est fait et tout sera fait pour que le cap des trois millions de chômeurs ne soit pas atteint. »

En 2012, alors qu'il y a plus de trois millions de chômeurs, François Hollande n'hésite pas à parier que « d'ici un an, la courbe du chômage sera inversée ».

On connaît la suite.

Pour autant, les Français sont-ils eux-mêmes clairs sur la question de la vérité ?

François Mitterrand, Lionel Jospin et Nicolas Sarkozy ont directement expérimenté la difficulté de venir dire aux Français qu'en matière de chômage, le politique ne pouvait pas tout. En 1993, lorsque le premier déclare que « dans la lutte contre le chômage, on a tout essayé », il amplifie leur rancœur qui s'exprimera comme jamais lors des élections législatives qui suivront. Quand Lionel Jospin, en septembre 1999, lors de la fermeture d'une usine Michelin, répond lui aussi qu'il « ne faut pas tout attendre de l'État » et ajoute : « Je ne crois pas qu'on puisse administrer désormais l'économie. Ce n'est pas par la loi, les textes, qu'on régule l'économie », il suscite des réactions indignées de toute la gauche, qui pèseront dans sa non-qualification au second tour de l'élection présidentielle de 2002. Et lorsque Nicolas Sarkozy explique qu'il ne peut pas faire de miracle en matière de pouvoir d'achat avec « des caisses qui sont déjà vides », il déclenche à son tour la polémique.

Certes, chaque fois, les formules ont pu être maladroites, d'autant plus dans un contexte humain ou politique souvent dramatique. Et plusieurs de ces mêmes responsables s'étaient faits les chantres du volontarisme.

Il reste que dans un pays qui s'est profondément structuré autour de l'État et qui pense encore fortement que la réforme vient nécessairement d'en haut, il est extrêmement difficile pour un responsable politique de déclarer publiquement que son rôle se limite à créer un contexte favorable à la création d'emplois. Les Français attendent plus et « la vérité », ou ce que chacun y met, n'est pas toujours dicible. Mais il est absolument nécessaire de rompre cette spirale du mensonge.

La plupart des candidats ont aujourd'hui compris combien le sentiment qu'on ne dit pas la vérité mine la politique, génère un rejet profond chez leurs électeurs et nourrit la PRAF-attitude.

Ils s'efforcent donc d'énoncer leurs propositions le plus clairement possible, insistent sur la manière dont ils comptent les appliquer et présentent un tableau souvent très sombre de la situation, comme s'il fallait maintenant, pour laisser entendre qu'on ne dissimule rien, proposer des mesures dont on souligne par avance qu'elles seront impopulaires !

Son aptitude à dire la vérité ou à donner le sentiment qu'il le fait est en tout cas devenue le premier critère sur lequel on juge un chef de l'État.

L'oubli de soi, pour un président, est également une attente centrale chez les Français. À leurs yeux, un président exemplaire est tout simplement celui qui fait le choix exclusif de la France ou des Français. Celui dont on sent à quel point il est dans l'effacement de sa propre personne, tout entier tendu vers la seule tâche pour laquelle il a été élu.

Dans une société égotique, le président exemplaire se doit d'être, quant à lui, détaché de lui-même.

L'amour inconditionnel qu'éprouvait de Gaulle pour la France était une évidence reconnue par tous, à droite comme à gauche. On célèbre souvent la formule qui ouvre en 1954 ses *Mémoires de guerre* : « Toute ma vie, je me suis fait une certaine idée de la France. » Mais il faut lire la suite du texte pour comprendre l'intensité du rapport de De Gaulle à la France :

> *Le sentiment me l'inspire aussi bien que la raison. Ce qu'il y a, en moi, d'affectif imagine naturellement la France, telle la princesse des contes ou la madone aux fresques des murs, comme vouée à une destinée éminente et exceptionnelle. J'ai, d'instinct, l'impression que la Providence l'a créée pour des succès achevés ou des malheurs exemplaires. S'il advient que la médiocrité marque, pourtant, ses faits et gestes, j'en éprouve*

la sensation d'une absurde anomalie, imputable aux fautes des Français, non au génie de la patrie. Mais aussi, le côté positif de mon esprit me convainc que la France n'est réellement elle-même qu'au premier rang : que seules de vastes entreprises sont susceptibles de compenser les ferments de dispersion que son peuple porte en lui-même, que notre pays, tel qu'il est, parmi les autres, tels qu'ils sont, doit, sous peine de danger mortel, viser haut et se tenir droit. Bref, à mon sens, la France ne peut être la France sans grandeur.

Texte admirable et quasi mystique, dans lequel le Général écrit explicitement – on l'a trop oublié ! – que lorsque la médiocrité marque le pays, la faute en incombe aux Français, non à la France…

La façon réelle et sincère dont Jacques Chirac aimait profondément les Français était également reconnue de ses partisans comme de ses adversaires. Dans son slogan de campagne de 1995, « La France pour tous », il convient d'insister sur l'importance de « pour tous ». Et toute la vie politique de Jacques Chirac est construite autour de ce lien quasi charnel qu'il a su tisser avec ses compatriotes. C'est pour cette raison qu'il se produit quelque chose d'important en 2005, quand à l'occasion de la campagne sur le référendum européen, Jacques Chirac déclare, face à un groupe de jeunes réunis sur le plateau de TF1 : « Je ne vous comprends pas. » Celui qui comprenait si bien les Français semble soudain désemparé et ne plus saisir les angoisses de la jeunesse française.

En raison de ce rapport très marqué à la France ou aux Français, de Gaulle comme Chirac ont laissé dans l'imaginaire collectif une marque particulièrement positive.

Nicolas Sarkozy constitue un cas distinct : durant son quinquennat, puis sa tentative avortée de reconquête du pouvoir, il donne aux Français le sentiment de vouloir être à tout moment en position centrale, dans l'« hyperprésidence » et l'« hypermédiatisation », tout aussi préoccupé, voire enivré de lui-même que de son pays et ses citoyens. Un président qui se regarde agir tout autant qu'il agit, aime cela jusqu'à la jouissance et devient comme le Jack Bauer de la série *vingt-quatre heures chrono* : un sauveur haletant et hyperactif.

François Hollande, psychologiquement très différent de son prédécesseur, est à son tour rattrapé par un mécanisme analogue : ce que les Français ne supportent pas en découvrant combien il se livre à des journalistes, c'est moins le contenu de ses propos que cette idée d'un président qui commente son propre mandat et fait longuement le récit de son action en s'adressant non pas directement à eux mais aux médias. Le président normal et proche, si contraire à Nicolas Sarkozy, partageait en fait avec lui une forme de narcissisme.

Pour être efficace, un président doit choisir, en termes d'incarnation, de se donner soit à la France, soit aux Français. Faute de quoi ce sont les Français qui se détournent de lui comme du reste de la classe politique dont ils n'auront « plus rien à faire ».

Agir est la troisième attente constitutive concernant un président exemplaire car celui-ci n'est pas pour autant un dieu juché sur son Olympe. La gravité et l'intensité des enjeux auxquels il est confronté en font un *acteur* censé impulser et agir sans relâche. Il est dans l'immanence, pas dans la transcendance, voué fondamentalement à réaliser. L'idée qu'un président en difficulté devrait se retirer, être moins présent, raréfier sa parole pour se faire désirer est une ineptie. Il serait balayé. Ce n'est d'ailleurs jamais ce que le subtil Mitterrand a fait. Ses rares moments de silence étaient précisément assourdissants de contenu, de sous-entendus savamment orchestrés et valorisés par son conseiller en communication, Jacques Pilhan.

L'idée à la mode selon laquelle le président devrait s'abstraire des contraintes médiatiques, prendre du recul, être en surplomb et laisser le champ de l'action à son Premier ministre est séduisante à première vue, mais contraire aux attentes des Français. Tout simplement parce que nous élisons ce président au suffrage universel direct. Il est donc le « patron », pas simplement une autorité morale. Un patron qui doit « mettre les mains dans le cambouis », comme on dit, et fabriquer du résultat. Pas se contenter d'indiquer les grandes orientations, de « donner du sens » ou d'avoir une « vision ». D'ailleurs, qu'est-ce qu'une vision si elle n'est pas profondément enracinée dans le réel ? Une chimère.

En 2017 comme avant, le président, quel qu'il soit, devra donc se colleter avec cette contradiction inextinguible : à la fois se projeter dans le long terme et se plonger dans les réalités les plus immédiates.

Faire est indispensable, mais assumer ses responsabilités l'est tout autant, ce qui implique de ne pas chercher des esquives et des excuses pour justifier ses échecs. Rien n'est plus dérangeant, voire angoissant, qu'un chef qui se dérobe devant ses responsabilités. Or, le discours politique est à cet égard profondément ambigu, pour ne pas dire hypocrite. Il appelle en permanence à la responsabilité : responsabilité des partenaires sociaux, de l'opposition, des Français, des corps intermédiaires, de la majorité. Mais dans le même temps, l'échec ne vient jamais d'en haut. Il vient toujours des autres ou d'ailleurs.

Si la France va mal, c'est la faute, pêle-mêle, à Mai 68 qui a détruit les valeurs d'autorité, aux 35 heures qui ont mis à bas la compétitivité des entreprises, aux juges qui remettent en liberté les délinquants, à l'assistanat qui ne cesse d'augmenter, aux déficits qu'on a laissés filer pendant plus de trente ans, aux riches toujours plus avides, à la crise pétrolière, à la crise des subprimes, à la crise de l'euro, et j'en passe…

Médusés, les Français se demandent pourquoi, si tous ces diagnostics sont justes, les mêmes qui les dénoncent et ont été au pouvoir n'ont pas restauré une culture de l'autorité, aboli les 35 heures, renforcé le Code pénal, lutté contre l'assistanat, réduit la dépense publique, diversifié nos approvisionnements énergétiques, encadré les banques…

Autant un diagnostic peut être légitimement posé avant une élection, autant, après cinq ou dix ans de pouvoir effectif, on attend d'un *responsable* politique qu'il assume son action et ses résultats. La dénonciation de la « culture de la déresponsabilisation » est ainsi portée par des responsables qui expliquent systématiquement leur échec par l'« héritage » ou des causes externes. C'est un mécanisme profondément anxiogène, car une telle dilution signifie que personne n'a prise sur rien, que personne n'est en réalité responsable de quoi que ce soit.

Ce mécanisme très pervers relève du triangle de Karpman, bien connu en management. Dans « Fairy Tales and Script Drama Analysis[1] », Stephen B. Karpman analyse un jeu manipulatoire mettant en scène trois figures : la

1. *Transactional Analysis Bulletin*, 7(26), 1968, p. 39-43.

victime, le persécuteur et le sauveur, où chacun prend tour à tour ce rôle.

En se posant en victime plutôt qu'en assumant ses actes, l'acteur politique désigne implicitement ou explicitement un persécuteur – le pouvoir, les juges, les médias – et fait appel à un sauveur présumé : l'opinion publique prise à témoin, la vérité, la justice. Le triangle de Karpman est extrêmement utilisé en politique. Et c'est bien évidemment une posture aux antipodes de l'exemplarité. Un jeu qui corrompt et discrédite la politique dans son ensemble.

L'appel récurrent à l'homme providentiel, qui aura « le courage de », relève aussi de cette méthode pernicieuse. Le peuple y joue le rôle de victime d'un système politique indigent. Le « grand homme » est le sauveur. Le problème est que celui-ci ne vient jamais, sinon rarement. Et qu'au bout d'un moment, on n'en a « plus rien à foutre » de tout cela.

Mais s'il est temps de sortir de cette logique, la nécessité d'assumer vaut pour un président exemplaire tout autant que pour les citoyens eux-mêmes.

La cinquième composante de l'exemplarité est l'exigence des Français en matière de justice.

Même dans un pays qui s'est raidi et durci, un pays qui se serait « droitisé », alors que la justice est en premier lieu une valeur de gauche, cette exigence reste essentielle.

Invités à se prononcer sur ce qu'ils attendent en priorité des candidats lors de la présidentielle de 2017 et à choisir entre quatorze thèmes proposés, 33 % des Français répondent « la justice », ce qui la situe au troisième rang, immédiatement après « des mesures concrètes » (58 %) et « du changement » (35 %). Et loin devant l'attente « du renouveau » (25 %), « de la confiance » (24 %), « de l'autorité » (22 %), « de l'égalité » (20 %), « de l'espoir » (17 %), « de l'écoute » (13 %), « du sens » (12 %), « de la solidarité » (11 %), « de l'apaisement » (10 %), « de l'unité » (7 %) ou « de la grandeur » (4 %).

La justice n'est pas l'égalité. On le voit fort bien dans cette enquête. Elle n'est pas non plus la solidarité. D'ailleurs, c'est au nom de la justice que certains dénoncent ce qu'ils considèrent être une « montée de l'assistanat », notamment dans les milieux populaires où les revenus issus de la redistribution peuvent apparaître comme injustement perçus alors que ceux qui se donnent du mal pour travailler en seraient privés. Le fameux effet « trappe à inactivité ».

Une politique juste doit viser par conséquent à agir sur ce qui est si déséquilibré que cela en devient indigne. La pauvreté, bien sûr, mais aussi les efforts ou le mérite non récompensés. Les passe-droits. Les avantages indus conférés à tel ou tel groupe social. A fortiori quand ils bénéficient à des gens déjà protégés ou avantagés. Ou, pire encore, quand ils profitent à des responsables politiques. L'affaire Cahuzac a provoqué dans l'opinion une déflagration sans précédent en ce sens qu'elle a cristallisé tout ce qui est jugé inacceptable : un ministre socialiste, en charge du Budget de surcroît, non seulement dissimule ses avoirs au fisc, mais ment droit dans les yeux à la représentation nationale. Un puissant parmi les puissants dont le comportement contrevient de manière spectaculaire à l'impérieux besoin de justice.

La justice est un sentiment diffus et néanmoins fondamental pour orienter l'action politique et permettre à telle réforme d'être finalement acceptée ou refusée.

C'est l'argument de la justice qui fit que, sous Jean-Pierre Raffarin, la réforme visant à aligner les durées de cotisation entre le secteur privé et le secteur public passa sans trop de heurts. C'est encore au nom de la justice que François Hollande fit voter une loi permettant à ceux qui avaient commencé à travailler très jeunes de prendre leur retraite à taux plein s'ils cumulaient une durée de cotisation de quarante et un ans, sans avoir pour autant soixante ans.

Mais c'est en raison de l'injustice supposée de la loi travail que celle-ci fut à ce point rejetée en 2016, parce qu'elle donnait davantage de pouvoir aux « forts » – les chefs d'entreprise – qu'aux potentiellement vulnérables – les salariés.

Le critère de justice va donc bien au-delà du seul critère de l'honnêteté.

Il reste que 88 % des Français pensent que la plupart des hommes et des femmes politiques de ce pays sont corrompus[1]. « La plupart », et pas « quelques-uns ».

L'honnêteté est un prérequis pour un président, une évidence. Ce n'est pas Saint Louis rendant la justice sous son chêne. On en est loin depuis longtemps. Mais il doit y avoir en chaque chef de l'État du Saint Louis, tant cette figure imprègne encore nos mentalités.

Telle est bien en tout cas l'attente déçue de l'immense majorité des PRAFistes, lassés par l'insuffisance des résultats, les stratégies de déresponsabilisation, les simplifications ou les jeux de posture chez des leaders si peu exemplaires.

1. Enquête Ipsos « fractures Françaises », voir note 1, p. 95

5

Les défaillances du leadership

Le leadership politique peut se définir de manière très simple.

Il consiste d'abord à être *un personnage et pas seulement une personne.* C'est pourquoi la politique n'est pas qu'affaire de bilan, si essentielle que soit la nécessité de l'action et du résultat. Ce qui ne signifie pas que les Français ne seraient attentifs qu'à la personnalité du candidat. Mais la politique n'est pas qu'une technique, ne relève pas du seul savoir-faire et de la seule expertise technocratique.

Elle a besoin de faire appel à l'émotion. Non pas l'émotion triviale mais celle qui fait parcourir le long de l'échine ce petit frisson si agréable en voyant et en écoutant un leader charismatique. Cette admiration que l'on ressent, comme devant une œuvre d'art, face à un personnage politique qui nous dépasse et qui nous emporte, de manière purement irrationnelle.

Le charisme est un levier d'adhésion et d'entraînement qui passe par un autre chemin que celui de l'adhésion précisément rationnelle. On peut suivre un homme politique parce qu'on est intellectuellement convaincu par ses propos. C'est une démarche noble, d'autonomie, de liberté intellectuelle mais dans laquelle le contrôle est toujours présent. L'adhésion peut donc être rapidement retirée. Un président comme François Hollande cherche à susciter de l'adhésion. Il n'est pas un personnage tel que nous venons de le définir et il le sait. Il fait appel à la raison, au dialogue et au compromis. Mais on peut accepter de suivre un leader politique parce qu'on lui reconnaît immédiatement une dimension quasi transcendantale qui entraîne et dont la maîtrise nous échappe. Nicolas Sarkozy possède incontestablement cette dimension du leader aux yeux d'une partie de la population. Être un personnage et pas seulement une personne, en politique, c'est avoir cette densité, cette capacité à capter les lumières et à générer de l'émotion. Cela peut donc être dangereux tout en permettant de mobiliser.

Si la crise actuelle du politique est aussi une crise du leadership, c'est parce qu'elle provient en partie de cette incapacité à mobiliser l'opinion, en dehors de cas exceptionnels, comme lors des attentats terroristes de 2015, où le procès en non-présidentialité de François Hollande s'estompa tout à coup. Sans être devenu pour autant un personnage, le chef de l'État s'imposa à ce moment-là comme un vrai leader.

Si les circonstances ne sont pas à ce point dramatiques qu'elles mettent en danger l'unité du pays et en arrivent à ressouder l'opinion autour de son président, c'est le clivage qui peut alors permettre de mobiliser, en désignant un « ennemi » – la droite et l'argent, les socialistes et l'impôt, les étrangers et la dilution des valeurs nationales – en simplifiant, dramatisant, radicalisant les enjeux. C'est ainsi que les frontistes ont leur leader comme les sarkozystes l'ont eu pendant longtemps. Les PRAFistes, eux, en sont orphelins.

6

Un paysage politique illisible

La dernière raison de cette crise du politique est une crise de lisibilité.

Elle renvoie très clairement à la question des clivages politiques et de l'organisation des partis. Selon moi, trois clivages fondamentaux organisent le système et le rendent plus ou moins lisible : le clivage gauche-droite – dont Gilles Finchelstein montre toute la valeur dans un livre pénétrant[1]. Le clivage populiste, interprété dans un sens technique et sans jugement de valeur, qui est censé opposer le « peuple » aux « élites ». Enfin, le clivage ouvert-fermé, qui valorise implicitement l'ouvert sur le fermé alors qu'il faut prendre ces deux termes de manière neutre.

Aujourd'hui, on peut positionner chaque leader politique autour de deux de ces clivages.

Jean-Luc Mélenchon est à *gauche* évidemment, mais l'appel au *peuple* est une composante essentielle de son positionnement. Il apparaît ainsi comme le représentant de la gauche populiste. Arnaud Montebourg est à *gauche*

1. Gilles Finchelstein, *Piège d'identité*, Fayard, 2016.

lui aussi, mais à la différence de Mélenchon, il se situe, via la démondialisation, davantage sur le clivage ouvert-fermé que sur le clivage peuple-élite, en défendant plus de fermeture et de protection. François Hollande et Manuel Valls sont, quoi qu'on en dise, évidemment à *gauche* eux aussi, mais ils prônent *l'ouverture* et ce qui va avec : la compétitivité dans la mondialisation, la lutte contre les déficits, etc. Ils sont les tenants d'une gauche parfois dite « moderne » ou « de gouvernement ».

Alain Juppé, François Fillon et Bruno Le Maire, à *droite*, partagent ce même esprit.

Marine Le Pen, quant à elle, réfute le clivage gauche-droite et campe sur le clivage peuple-élite, côté peuple. Elle incarne un populisme fermé.

Emmanuel Macron tâtonne en ayant d'abord réfuté le clivage gauche-droite (ni gauche ni droite) puis en semblant vouloir le dépasser (et de gauche et de droite). Mais il se situe incontestablement dans une forme de *populisme* via sa critique du système et, aussi, la façon dont il est perçu – différent des autres, ne faisant pas vraiment partie du sérail, plus sincère. Il incarne un populisme *ouvert* ou *libéral*, à l'inverse de celui de Marine Le Pen.

Nicolas Sarkozy enfin a toujours été le plus mobile et le plus insaisissable. À *droite* évidemment. Ouvert évidemment. Mais sur de nombreux thèmes incontestablement populiste. Il est le seul qui cherchait à ce point à se situer, suivant les thèmes, sur les trois clivages à la fois. Cela pouvait le rendre plus incohérent… ou lui permettre d'agréger davantage de « clientèles électorales ». Sa défaite à la primaire, due à de nombreux facteurs, a confirmé malgré tout qu'on ne peut se positionner que sur deux clivages et non trois.

Reste que cette complexité génère un brouillage accru de la scène politique, où les deux camps se divisent et s'opposent selon ces clivages. Plus personne n'identifie donc clairement qui peut et qui doit gouverner avec qui. Qui est proche de qui. Qui est contre qui. A fortiori quand les partis politiques ne reflètent pas ces clivages et ces nouvelles familles de pensée mais continuent de fabriquer, via le scrutin majoritaire à deux tours, les majorités qui nous gouvernent, avec leurs inévitables craquements et tensions. C'est pourquoi le système est non seulement totalement verrouillé mais aussi totalement illisible.

Les illustrations de ce blocage-brouillage se suivent alors et se ressemblent : la loi Macron I a donné lieu au spectacle surréaliste d'une droite qui s'y est opposée, alors qu'elle aurait dû la voter des deux mains, et qui a trouvé, pour se justifier, son plus mauvais argument : « Cela va certes dans le bon sens, mais ce n'est pas assez, donc nous ne la voterons pas ! » Tandis que la gauche, qui n'était pas en reste, se déchirait sur le nombre de dimanches où il serait possible de travailler : à cinq on était dans le socialisme, à douze dans le changement de civilisation et la trahison libérale !

Le résultat fut un vote au 49.3, qui donna à tous le détestable sentiment de ne pas être écoutés alors qu'une majorité existait pour faire passer cette loi.

Ajoutons-y de faux clivages destinés à camoufler de simples écuries présidentielles, par exemple la « droite forte » ou la « droite décomplexée » – comme s'il y avait une droite molle et/ou une droite de petits souffreteux complexés. Au lieu de travailler sur une recomposition politique autour des véritables enjeux qui structurent notre vie politique, on entretient le sentiment d'une scène de théâtre, où l'on surjoue des affrontements loin d'être toujours fondés ou qui ne correspondent pas aux véritables lignes de partage.

Comment une part de plus en plus grande de Français ne se détacherait-elle pas chaque jour davantage, impuissante et désolée, d'une telle vie politique ?

À l'évidence, si les clivages précités sont les bons et sont légitimes, la vie politique devrait s'organiser autour d'eux et donc de formations dont certaines existent déjà : une gauche ouverte, fermée ou populiste. Une droite elle-même ouverte, fermée ou populiste. Enfin, un populisme qui peut être ouvert ou fermé.

Aucune de ces familles politiques ne peut à elle seule obtenir plus de 50 % des suffrages et exercer le pouvoir, si bien que chaque formation a besoin d'une coalition pour s'imposer.

Une des solutions serait de faire sauter lors des législatives le verrou du scrutin majoritaire à deux tours au profit d'une proportionnelle large, voire intégrale. Elle aurait l'inconvénient de consacrer la fragmentation de l'opinion, mais l'avantage de refléter une fragmentation qui existe dans les faits. Et l'on représenterait ainsi davantage et mieux l'ensemble des forces politiques tout en obligeant certaines de nos huit formations à s'allier intelligemment afin d'être en mesure d'exercer le pouvoir. Tantôt la coalition prendrait principalement appui sur le clivage gauche-droite – comme c'est, en gros, le cas actuellement –, tantôt sur le clivage ouvert-fermé – via, par exemple, l'alliance de la droite ouverte et de la gauche ouverte –, tantôt sur le clivage populiste – ce qui semble néanmoins peu souhaitable et surtout très improbable, le populisme de Jean-Luc

Mélenchon étant très éloigné, voire aux antipodes de celui de Marine Le Pen.

Le type de coalition dominante dépendrait des enjeux et de la façon de les traiter, enjeux qui seraient débattus avant et non après l'élection. Cela ne conduirait donc nullement à annuler mécaniquement le clivage gauche-droite et à faire le jeu du populisme, comme d'aucuns le pensent. Un tel système aurait l'immense avantage de revivifier le débat politique et les alternances. Et de faire revenir dans le jeu une bonne partie des PRAFistes. Mais il aurait pour danger, et c'est un argument à prendre au sérieux, de conduire dans certains cas à une paralysie du système et de la prise de décision.

Conclusion

« Le poisson pourrit par la tête »

La crise du politique est grave et ne se réduit donc pas à la crise du résultat, si importante soit-elle.

Dans l'immédiat, l'exemplarité est un des aspects sur lequel les candidats peuvent le plus rapidement et le plus efficacement jouer. Elle est à leur portée. Elle dépend d'eux.

Elle est d'autant plus nécessaire dans un pays comme la France où le proverbe chinois « Le poisson pourrit par la tête » s'applique particulièrement à la sphère politique. À condition d'y ajouter qu'il peut aussi se régénérer par la tête.

Et c'est finalement une bonne nouvelle.

En effet, la France reste un pays où les idées et la parole politique infusent fortement dans la société et imprègnent les représentations. Où l'exemplarité ou la non-exemplarité du politique et du président donnent une sorte de *la*, autorisent ou réfrènent certains comportements. Il est donc possible d'améliorer les choses.

Sortir de la PRAF-attitude doit être un objectif majeur pour la démocratie, que les concurrents de 2017 devraient tous s'assigner.

C'est aussi une des conditions de la victoire que de séduire une partie des PRAFistes.

Mais les candidats de 2017 ne partent pas avec le même potentiel…

C'est ce que nous allons maintenant découvrir.

TROISIÈME PARTIE

À la reconquête des PRAFistes

1

Combien pèse la PRAF-attitude en France ?

Le PRAF est d'abord, nous l'avons dit, une attitude. Pris en ce sens et dans la sphère politique, il touche à l'évidence des millions de Français qui, à un moment ou à un autre, peuvent éprouver ce sentiment et se dire qu'ils n'en ont « plus rien à faire » de la politique ou de ses représentants.

Mais il importe d'aller plus loin que ce simple constat, beaucoup trop général.

En effet, l'enjeu est d'identifier combien de Français sont aujourd'hui dans une attitude de distance et de rejet du politique suffisamment répétée et/ou intense pour que ce sentiment finisse par construire un comportement politique spécifique.

Il s'agit également de savoir si certains types de populations sont plus habités que d'autres par la PRAF-attitude, et quelles sont leurs caractéristiques.

Pour le savoir, on peut tout d'abord tenter de mesurer ce que les Français éprouvent aujourd'hui concrètement à propos de la politique. Le lecteur de ce livre pourra ainsi, en même temps, se comparer à la moyenne générale de ses compatriotes.

Nos concitoyens éprouvent pour 18 % d'entre eux un sentiment clairement positif envers la politique, qui se décline comme suit : 1 %, la passion ; 13 %, l'intérêt ; 4 %, l'espoir.

Sur les 82 % restants, 9 % parlent d'indifférence ; 40 %, de déception ; 13 %, de colère ; et 20 % vont jusqu'au dégoût.

La colère et la déception étant des émotions certes négatives mais encore puissantes, qui en ce sens témoignent de la permanence d'un lien, d'une relation, on peut considérer que le PRAF touche environ 29 % des Français : ceux qui sont aujourd'hui *dégoûtés* par la politique (20 %), ou qui n'éprouvent plus pour elle que de l'*indifférence* (9 %).

C'est un chiffre évidemment considérable.

On peut maintenant tenter d'évaluer le PRAF politique d'une autre façon : en demandant aux Français quel *processus* caractérise leur intérêt pour la politique. Celui-ci a-t-il décru, et si oui, dans quelles proportions ?

En effet, l'une des thèses de ce livre est bien qu'il y a une généalogie de la PRAF-attitude, qu'elle s'est construite selon des facteurs multiples liés à l'évolution de la société, du rapport à l'information et de la politique elle-même. Les chiffres sont là encore éclairants.

24 % des Français déclarent qu'ils ont « toujours été intéressés par la politique et qu'ils le sont encore ». Ce sont de véritables « aficionados » et ils le restent. Saluons-les.

28 % qu'ils ont « toujours été intéressés par la politique, qu'ils le sont toujours mais moins qu'avant ». Ce

ne sont pas des PRAFistes mais ils sont en voie de le devenir si l'on ne répond pas à leurs attentes.

27 % qu'ils étaient « dans le passé intéressés par la politique mais que c'est fini et qu'ils ne le sont plus vraiment ». Nous sommes là au cœur de la PRAF-attitude.

21 % enfin qu'ils n'ont « jamais été intéressés » par la politique. Ces personnes sont en rupture avec elle depuis longtemps et l'ont, semble-t-il, toujours été. C'est une forme de PRAF-attitude radicale mais qui ne s'inscrit pas dans un processus récent.

Le niveau de PRAF ainsi mesuré est proche de celui qui permet d'apprécier la relation que nos compatriotes entretiennent aujourd'hui avec la politique : 27 % dans un cas, 29 % dans l'autre.

La troisième façon enfin d'évaluer l'ampleur du PRAF part du rapport à la démocratie. Dans l'enquête « Fractures françaises », imaginée et réalisée par Ipsos pour *Le Monde*, la Fondation Jean-Jaurès et le programme « Vie politique » de Sciences Po, la question suivante est chaque année posée aux Français : « Diriez-vous que le régime démocratique est irremplaçable, que c'est le meilleur système possible, ou que d'autres systèmes politiques peuvent être aussi bons que la démocratie ? »

En 2014, 24 % d'entre eux déclaraient que d'autres systèmes politiques pouvaient être aussi bons que la démocratie. Ils étaient 26 % en 2015, 30 % début 2016. Ils sont 32 % aujourd'hui.

Quelle que soit la façon de prendre les choses et même si ces indicateurs ne mesurent pas *exactement* le même état d'esprit, ils qualifient malgré tout un PRAF politique. Et celui-ci concerne bien près d'un tiers des Français.

La véritable crise politique est là, centrale, redoutable et très peu abordée par les politiques eux-mêmes, tant elle constitue leur désaveu.

Reste maintenant à savoir qui sont ces 30 % de Français fortement habités par la PRAF-attitude et s'ils ont un profil spécifique ou très spécifique.

Certes, un nombre significatif de caractéristiques existent. Quel que soit l'indicateur considéré, ces personnes sont plus souvent des employés et des ouvriers que des cadres supérieurs. Plus souvent mais pas exclusivement : de plus en plus, la PRAF-attitude gagne une partie de la classe moyenne et de la classe moyenne supérieure. De même, les moins de 35 ans sont plus nombreux à rompre avec la politique que leurs aînés. Mais les 35-59 ans ne sont pas en reste et même les plus de 60 ans commencent à exprimer une telle attitude. Enfin, le niveau de diplôme, les revenus du foyer, la situation géographique peuvent favoriser ou limiter le PRAF : plus les deux premiers sont faibles et plus on habite dans une commune rurale, plus on se détache de la politique. Mais là encore, un diplôme élevé, de bons revenus et le fait de vivre dans une grande agglomération n'impliquent pas nécessairement qu'on en soit plus proche.

Ceci posé, quel effet la campagne électorale pour l'élection présidentielle de 2017 peut-elle avoir sur les PRAFistes et comment ?

Une telle campagne est toujours un moment très particulier dans la vie politique du pays. C'est celui par excellence des grands choix pour l'avenir qui sont exposés aux Français et engagent la vie de la nation, tout comme ils engagent celui qui sera finalement désigné. C'est aussi la seule et relativement brève période pendant laquelle les Français écoutent véritablement les candidats et comparent leurs projets. Il s'agit donc d'un moment privilégié pour ramener des PRAFistes vers la politique, les réengager au moins le temps de la campagne.

Si l'on veut cerner l'étendue de la PRAF-attitude, il faut donc distinguer les logiques d'intérêt et de désintérêt à l'égard de la politique en général de celles concernant l'élection présidentielle elle-même. Dans le premier cas, on avoisine les 50 % d'intérêt. Dans l'autre, 70 %, voire 80 %.

À partir des données de l'enquête électorale du Cevipof et en croisant ces deux variables, l'intérêt pour la politique et celui pour l'élection présidentielle, on peut identifier quatre groupes de Français.

• D'abord, les *désillusionnés*, lesquels représentent un tout petit groupe d'électeurs très spécifiques, intéressés par la politique, non par l'élection présidentielle. Ce sont des PRAFistes de l'offre politique et du système électoral, pas de la politique elle-même. Ils ne croient pas ou plus que l'élection présidentielle puisse améliorer les choses, ni que les leaders susceptibles d'être portés à la tête du pays en soient capables. Ils peuvent également refuser le principe même d'un président élu au scrutin majoritaire à deux tours et lui préférer d'autres formes de représentation politique, inexistantes dans notre pays à l'heure actuelle. Leur volonté de s'abstenir, de voter blanc ou nul est très forte, mais il s'agit donc d'une abstention réfléchie et politiquement construite. Ils sont près de 2 %, soit près de neuf cent mille électeurs.

• Les *désengagés* ensuite : on est là au cœur de la PRAF-attitude puisqu'il s'agit de Français qui ne s'intéressent aujourd'hui ni à la politique ni à l'élection présidentielle. Ils sont dans un processus profond de rupture, qui dépasse la simple désillusion. Ils représentent 9 % de la population, soit environ quatre millions d'électeurs. Un poids tout à fait conséquent ! Ils incarnent la PRAF-attitude radicale, celle qui relève du plus-rien-à-foutre.

• Troisième attitude, celle des *réengagés potentiels*, devenus indifférents à la politique, mais pas à l'élection présidentielle. Ce sont des PRAFistes qui s'intéressent à la campagne électorale et au scrutin lui-même. De manière durable ou non, tout dépendra de ce qui se passera par la suite. Cet électorat est typiquement celui qui, détaché de la politique et se reconnaissant parmi les déçus (de Chirac ou de Jospin), fut réactivé et remis dans le jeu de l'élection en 2007 sous l'impulsion de Nicolas Sarkozy, Ségolène Royal ou François Bayrou, grâce à la nouveauté qu'ils incarnaient chacun à sa manière. Avant de se déclarer profondément déçu, de nouveau, par le président élu. C'est donc un électorat fluctuant… et décisif. C'est le PRAF du « plus-rien-à-faire », pas du « plus-rien-à-foutre ». Un PRAF modéré, potentiellement captif. Fin 2016, il recouvre 40 % de la population, soit dix-huit millions d'électeurs.

• Les *motivés*, enfin, représentent 49 % environ du corps électoral, soit un peu plus de vingt-deux millions d'électeurs. Intéressés par la politique et l'élection présidentielle, ils sont ce qu'il y a de plus opposé au PRAF.

En résumé, la PRAF-attitude touche environ un tiers des Français, chiffre qui, en période de campagne présidentielle, peut au mieux être ramené à un socle quasi irréductible de 11 %, constitué par la somme des « désillusionnés » et des « désengagés ».

Si l'élection de 2017 et l'action du vainqueur consolident vraiment et durablement une partie des 40 % de « réengagés », la PRAF-attitude en sortira limitée. Certes, une partie de ces électeurs sera de toute façon déçue par l'action du prochain président de la République, quel qu'il soit, et les autres facteurs qui nourrissent la PRAF-attitude resteront, qu'il s'agisse de l'individualisation de la société ou de la nature de l'information. Mais si 10 à 15 % de ces « réengagés » reviennent ensuite vers le PRAF, celui-ci aura été contenu à 20 ou 25 %.

En revanche, si l'on constate une nouvelle déception massive, comme au lendemain de la présidentielle de 2007, ces 40 % de « réengagés potentiels » viendront inévitablement s'ajouter aux 11 % de PRAFistes irréductibles. On basculera alors dans une autre époque, déjà amorcée, de régression ou de mutation démocratique profonde. Nous n'en sommes pas là et il convient d'abord d'analyser comment les PRAFistes jugent les candidats à l'élection présidentielle, en commençant par Marine Le Pen.

2

Qui peut le plus séduire les PRAFistes ?

De fait, la PRAF-attitude, et sa sociologie, pourrait laisser entendre que le PRAF n'est que l'autre nom du Front national ou son frère jumeau. Dans les deux cas, n'est-on pas dans un processus de « rejet du système » ? Le penser serait commettre un grave contresens. Il suffit de se référer à la toute récente élection présidentielle américaine pour bien le comprendre.

En effet, le 8 novembre 2016, il y a bien eu aux États-Unis un gigantesque mouvement d'expression du PRAF.

Mais, à l'inverse de ce que l'on pourrait croire, le PRAF américain n'est pas l'élection de Donald Trump. Il est représenté par les 42 % d'électeurs qui ne se sont pas déplacés pour aller voter.

Ce chiffre a été peu relevé et encore moins commenté, mais il est proche du niveau de 2012 et plus élevé qu'en 2008. Un record historique… et un bras d'honneur sans précédent. La campagne a pourtant été d'une rare intensité, mettant aux prises un personnage hors normes, surgi de nulle part ou presque, et une candidate symbolisant tout le contraire : l'inscription dans la norme, voire dans une forme de dynastie politique pareille à celle des Bush ou des Kennedy.

Elle a opposé deux candidats adulés par leurs partisans et honnis par leurs adversaires. Les conditions étaient donc réunies pour conduire à une forte mobilisation. Mais ce face-à-face à bien des égards inédit s'est traduit par un record d'abstention. Un PRAF historique.

Il faut prendre garde, par conséquent, à l'émotion suscitée par la victoire d'un démagogue imprévisible soudain projeté à la tête de la première puissance mondiale. Ce résultat a occulté, dans les jours qui ont suivi, l'autre vérité du scrutin, la montée de l'indifférence.

Tout comme, en France, la montée du Front national occulte celle du PRAF, alors qu'il faut bien distinguer les deux phénomènes.

En effet, les électeurs de Marine Le Pen ont des « caractéristiques », c'est-à-dire des éléments qui les singularisent, selon des « types » très éloignés de ceux des PRAFistes.

Tout d'abord, un frontiste croit fondamentalement à la politique et à son pouvoir. C'est un « croyant » assez semblable à ceux d'avant 1981. Il peut avoir été déçu par la gauche et la droite. Il l'est même profondément. Mais il croit toujours, d'une part, qu'il y a des solutions politiques aux problèmes du pays et à ses propres problèmes, d'autre part, que le Front national est le seul à les posséder. Un frontiste, même si le Front national utilise le mot, n'est donc absolument pas « antisystème ». Il est même tout le contraire. Il veut que le Front national s'empare du système, ce qui est très différent. Et en cela il est d'un grand classicisme. Il pense qu'avec une autre politique les choses peuvent et vont s'arranger.

Que le problème est de n'avoir jamais essayé les préconisations du FN et que si celui-ci exerce le pouvoir, ce qui n'a jamais eu lieu, la situation va changer. Le PRAFiste n'a plus, de son côté, cette relation au politique, cette croyance quasi naïve ou mystique. Il veut changer le système là où les frontistes veulent remplacer ceux qui en ont la maîtrise. Et comme il ne pense pas qu'il y parviendra, il s'en détourne. Ce qui a peu à voir avec l'attitude frontiste.

Par ailleurs, un militant ou électeur du FN a, comme dans beaucoup de familles politiques, des repères et des obsessions, des clés de lecture en nombre limité mais particulièrement affirmées, qui lui permettent de comprendre le monde – et pourquoi ce monde pourrait évoluer en bien. Notamment l'immigration, les élites et l'Europe. Limiter la première, chasser les deuxièmes – corrompues et inefficaces – en leur substituant de véritables représentants du peuple, et faire exploser la troisième, voilà ce qui permettrait de sortir notre pays du déclin et d'une dilution toujours plus grande de l'identité nationale portée par les mondialistes et les libéraux. Au passage, on combattra aussi tous ceux qui complotent contre la France et le FN, et ils sont légion : politiciens corrompus et adeptes de la mondialisation ; groupes de médias détenus par des industriels eux-mêmes parties prenantes de la mondialisation ; journalistes, experts et intellectuels présentés comme déconnectés des réalités et défenseurs de la « pensée unique » ; adeptes du multiculturalisme, etc.

Plus globalement, les frontistes adhèrent à ce que Léon Poliakov appelait la « causalité diabolique », l'idée qu'une cause, en l'occurrence l'immigration, explique

« la totalité ou presque la totalité des problèmes de la France », comme le déclara avec franchise Louis Aliot sur France Télévisions lors d'un débat qui suivait un documentaire sur le FN.

De fait et depuis très longtemps, les partisans du Front national ont pour première préoccupation l'immigration. Ils sont également persuadés que la France est en déclin mais, à la différence du reste des Français, que ce processus est quasi irréversible.

Les PRAFistes sont loin d'une telle idée. Ils ne pensent pas plus que la moyenne des Français que la sortie de l'euro et de l'Europe est la solution. Et ils ne sont pas habités par une obsession identitaire et « décliniste ». Au contraire, ils sont moins nombreux que la moyenne de nos compatriotes à considérer qu'il y a trop d'immigrés en France ou qu'en matière d'emploi, on devrait donner la préférence à un Français.

Troisième caractéristique, les frontistes aiment le chef en général et Marine Le Pen en particulier, tandis que les PRAFistes se méfient de tout *líder máximo*. Pour un frontiste, Marine Le Pen, tout comme son père, incarne la force et une forme de pureté. On n'a pas pour icône Jeanne d'Arc, femme virile et guerrière, pieuse et courageuse, sans raison. La force rassure. Elle s'exprime à travers le physique, des gestes, une posture, la brutalité parfois. Mais aussi dans la radicalité des propos, l'intransigeance, la véhémence à l'égard de la gauche, de la droite et des élites présumées corrompues, une forme de sincérité absolue aussi. Les frontistes ont pour celle qu'ils appellent « Marine » le regard amoureux de Chimène. Ils l'admirent. Ils croient en elle. La croyance, toujours. Elle leur redonne confiance dans un univers de défiance généralisée. Les PRAFistes sont dans un rapport au chef si ce n'est opposé, du moins différent et bien moins intense. Soit ils s'en méfient, soit ils ne croient plus à un leader politique qui allierait efficacité et honnêteté.

Enfin, les frontistes sont en colère et éprouvent souvent un sentiment de haine, les PRAFistes non. Les idéologies typent les électorats. Mais les émotions également et parfois plus encore. Lorsqu'on demande aux Français s'il leur arrive « souvent », « de temps en temps », « rarement » ou « jamais » d'éprouver des émotions telles que l'aversion, la colère, le plaisir, la joie, l'indifférence, et que l'on confronte ces réactions à la sympathie partisane, on peut mesurer la prégnance des tempéraments et des émotions en politique, mais, surtout, une cartographie différenciée des émotions. Cette cartographie correspond à une gradation qui va du Front national à la gauche. Ainsi, au lendemain des attentats de 2015, l'électorat qui déclarait ressentir le plus de haine était l'électorat frontiste. Le niveau était nettement plus bas chez les sympathisants de droite et encore plus faible chez ceux de gauche, qui avouaient éprouver avant tout de la sidération, de l'inquiétude ou de la tristesse. Plusieurs mois après, le niveau de « haine » avait décru dans tous les électorats… sauf au Front national.

Tout cela s'explique en partie par la sociologie de ces électorats. Il n'est pas surprenant que les électeurs du FN, plus durement frappés par le chômage, la précarité, des conditions de logement insalubres et de relégation territoriale forte, soient plus souvent révoltés. Mais la sociologie n'explique pas tout. C'est aussi une offre politique qui nourrit un tel état d'esprit, un discours qui prend violemment à partie des personnes ou des catégories de personnes en tant que telles et forge une représentation du monde autour de la notion de combat et de rejet, de dedans et de dehors. Cela se retrouve aussi sur Twitter, ce média où chacun peut déverser tranquillement et à distance son petit torrent de fiel et de haine, dans la chaleur rassurante d'une communauté qui pense à l'identique et s'éprouve comme telle. Chaque parti politique a ses « tweetos » enragés, mais ceux du FN sont parmi les plus violents. Marine Le Pen l'a si bien compris qu'elle cherche maintenant à « apaiser », dit-elle. Le PRAFiste n'est pas habité quant à lui par la haine, davantage par l'indifférence ou le dégoût.

Mais si les PRAFistes ne sont pas des frontistes, Marine Le Pen est cependant, parmi les candidats, celle qui peut potentiellement le plus facilement séduire une partie d'entre eux.

Certes, l'immense majorité des Français qui se disent « dégoûtés » par la politique déclarent aussi n'avoir aucune envie de voter pour elle. Cela est cohérent tant leur rejet de la politique est puissant : le dégoût est une émotion particulièrement intense et l'on se détourne au plus vite, de manière quasi instinctive, de quelque chose qui vous révulse.

Toutefois, sur une échelle de 0 à 10 mesurant l'intention déclarée de voter pour un candidat, un tiers de ces personnes indiquent une note allant de 7 à 10 en faveur de Marine Le Pen. Ce qui n'est pas négligeable. Surtout, si l'on compare ce score à celui de tous les candidats censés se présenter à l'élection présidentielle de 2017, on constate que Marine Le Pen est celle qui détient le plus grand potentiel de vote parmi les « dégoûtés » de la politique.

En analysant enfin son potentiel chez les « désillusionnés », les « désengagés » et les « réengagés potentiels », on aboutit à la même conclusion : la majeure partie des « désengagés », ceux qui ne s'intéressent ni à la politique ni à l'élection présidentielle et qui constituent le cœur de la PRAF-attitude, n'ira pas voter. Mais chez ceux qui, malgré tout, le feront, Marine Le Pen obtient un score au-dessus de sa moyenne nationale. C'est également le cas pour les « réengagés potentiels », dont l'intérêt pour la politique se limite à l'élection présidentielle. Et l'on comprend donc qu'à l'occasion de la campagne électorale, Marine Le Pen permet à cette frange d'électeurs de revenir dans le jeu. Nombreux, ils constituent le vivier principal dans lequel elle peut piocher, candidate efficace non pas pour réconcilier les Français avec la politique en général, mais au moins, incontestablement, pour éviter qu'une partie d'entre eux se réfugie dans l'abstention.

En revanche, dans le petit groupe des « désillusionnés », qui se sentent encore concernés par la politique mais pas par les prochaines échéances électorales, Marine Le Pen est sous-représentée. Tout comme chez les « motivés ».

Il apparaît donc que le Front national et Marine Le Pen sont susceptibles de rallier à leur cause une partie du PRAF, notamment la plus radicale. Ces PRAFistes-là sont ceux qui pensent, plus encore que la moyenne des Français, que « dans les émissions et les débats politiques, tout est surfait, c'est du théâtre ». Mais aussi « qu'il y a beaucoup de sondages qui sont là pour manipuler les Français, pas pour dire ce qu'ils pensent ». On retrouve là les éléments qui déterminent la crise de l'information. Ce type de PRAFiste estime aussi que « les hommes politiques ne disent pas la vérité », qu'ils « ne sont pas sincères ». Où l'on retrouve l'importance de la question de l'exemplarité. Ces PRAFistes-là pensent enfin « qu'aujourd'hui dans notre société, l'argent et la consommation occupent une place trop importante », scandalisés par l'effondrement de la morale publique dans un monde dominé par le matérialisme et l'individualisme.

Si Marine Le Pen « parle » ainsi à une frange du PRAF, c'est bien sûr parce que le Front national est à l'écart du système politique, qu'il se pose aussi en pourfendeur de ce qu'il désigne comme le « système médiatique », lequel est de plus en plus honni, et que la présidente de ce parti donne le sentiment d'être mue par une sincérité et des convictions qui seraient moins présentes, voire absentes, chez les autres candidats.

Marine Le Pen n'est cependant pas la seule. À l'autre extrême de l'échiquier politique, Jean-Luc Mélenchon intéresse aussi une partie des PRAFistes. Mais ce ne sont pas les mêmes.

Il séduit d'abord une toute petite catégorie d'entre eux : les « désillusionnés » qui, quand ils ont voté lors de la présidentielle de 2012, l'ont fait pour lui dans des proportions supérieures à la moyenne nationale. Même si la grande majorité de ces électeurs ont toutes les chances de s'abstenir en 2017, ceux qui envisagent de voter choisissent encore ce candidat dans des proportions nettement plus importantes que le reste de l'électorat. Toutefois, la difficulté de Jean-Luc Mélenchon est que ce potentiel lui est acquis auprès d'une base d'électeurs très réduite, d'environ 2 %, bien inférieure à celle dans laquelle mord Marine Le Pen. Il peut espérer quelques dizaines ou centaines de milliers de suffrages, guère plus. Son enjeu est par conséquent de réussir à glaner des voix là où la base est la plus large, chez les

« réengagés potentiels ». Ce qui est possible, mais dans des proportions moindres que pour Marine Le Pen. Et pour y parvenir, il doit jouer sur des ressorts différents de ceux qui animent les PRAFistes tentés par le FN.

Les PRAFistes « tendance Mélenchon » sont en effet plus sensibles à des arguments appelant « les Français à se saisir directement des problèmes politiques » ou affirmant que seule « l'action au niveau local permet d'obtenir des résultats ». Bien entendu, comme tous les adeptes de la PRAF-attitude, ils partagent un sentiment critique sur le caractère surfait des débats ou sur le manque de sincérité des leaders politiques. Ils rejettent également une société qui privilégie à l'excès l'argent et la consommation. Mais leur mode d'action revendiqué fait davantage appel aux citoyens eux-mêmes, à la société civile, qu'à un changement de direction politique. En ce sens, ce sont eux les véritables opposants au « système ».

La bataille historique entre Marine Le Pen et Jean-Luc Mélenchon, initiée lors de l'élection présidentielle de 2012, se poursuit donc jusque dans le PRAF, en s'appuyant là encore sur des ressorts, des attentes et une sociologie différents. Bataille d'autant plus âpre qu'il y a cinq ans, le candidat qui avait su séduire cette part de l'électorat n'était autre que François Hollande.

L'analyse du PRAF comme mouvement politique profond permet en effet d'éclairer d'un jour nouveau la victoire du candidat socialiste de l'époque. Certes, ce phénomène n'était pas alors aussi répandu. Toutefois, chez les « désengagés » comme chez les « désillusionnés » d'aujourd'hui, un écart de plus de dix points sépare, parmi les électeurs, ceux qui ont alors voté pour François Hollande de ceux qui ont choisi Nicolas Sarkozy.

Au second tour, l'écart est encore plus impressionnant, supérieur à vingt-cinq points. Surtout, toujours au second tour, François Hollande l'emporte de trois points dans la catégorie des PRAFistes la plus nombreuse, les « réengagés ». Une victoire, on s'en souvient, qui s'est jouée à relativement peu de suffrages exprimés : 51,6 % au total. Il n'est donc pas excessif de dire que le succès final de François Hollande est en grande partie dû à la capacité qu'il a eue à l'époque de mobiliser en sa faveur des « désengagés », des « désillusionnés » ainsi qu'une fraction de « réengagés », en parvenant à convaincre sur la sincérité, l'exemplarité et la volonté de justice. Trois dimensions fondamentales de la crise du politique auxquelles les PRAFistes sont particulièrement sensibles.

Cinq ans plus tard, tout indique l'effondrement de l'engagement dont il bénéficiait chez les PRAFistes de 2012. Que ce soit chez les « désillusionnées », les « désengagés » ou les « réengagés », il oscille entre 5 et 8 % d'intentions de vote, Marine Le Pen et Jean-Luc Mélenchon captant largement à son détriment cet électorat. C'est la suite logique de l'insuffisance des résultats mais aussi des critiques émises durant son quinquennat sur sa conduite, son mode de gouvernance et sur l'exigence de vérité. Étant pour partie à l'origine d'une nouvelle poussée du PRAF, il eût été paradoxal, s'il avait été candidat, qu'il en reconquît une fraction importante.

Ni Arnaud Montebourg, Manuel Valls, ni Benoît Hamon ne semblent, pour des raisons différentes, disposer d'un potentiel fort au sein du PRAF et ils ne paraissent pas davantage en mesure de retrouver ses faveurs. Il reste malgré tout une inconnue, qui touche à la question de la justice et des inégalités, elle aussi sensible pour les

PRAFistes. Le candidat issu du PS, quel qu'il soit, pourra arguer de mesures ou de décisions durant le quinquennat allant dans ce sens, et, surtout, d'une volonté d'aller plus loin encore. Certes, pour beaucoup de Français, notamment de gauche, ces mesures sont insuffisantes. Elles n'en sont pas moins réelles et, face à un candidat de droite assumé comme François Fillon, dont le projet est prioritairement axé sur la recherche du plein emploi présentée comme la meilleure façon de lutter contre les inégalités, il y a là un petit espace de reconquête possible d'une partie des PRAFistes de gauche.

Il reste enfin à considérer le cas Macron et ce que ce nouveau venu en politique peut ou non générer comme envie auprès de ce segment de l'opinion.

Vu de loin, Emmanuel Macron a tout pour séduire les PRAFistes. Il critique un système politique dont il aura touché les limites en y participant. Il y est entré récemment et bénéficie d'une expérience professionnelle antérieure. Il est jeune. Il propose des idées apparemment originales. Il s'appuie sur un diagnostic directement issu de la société civile. Il veut s'affranchir du clivage entre la gauche et la droite que beaucoup considèrent comme sclérosé. Et il est massivement perçu comme sincère.

Vue de près, sa situation se complique. Les Français qui considèrent que la démocratie fonctionne mal ne sont pas les plus enclins à soutenir le fondateur d'En marche ! De même, ceux qui se déclarent dégoûtés de la politique se tournent vers de tout autres leaders que lui. Ainsi, les électeurs potentiels d'Emmanuel Macron se situent d'abord parmi ceux qui ont une vision positive de la politique, non chez ceux qui critiquent son fonctionnement ou sont en rupture avec elle. Il recrute peu chez les « désillusionnés », les « désengagés » et même chez les « réengagés potentiels ». En revanche, la catégorie des « motivés » nourrit son électorat, comme c'était le cas pour Alain Juppé et aujourd'hui pour François Fillon. Ce n'est qu'à la marge, chez ceux qui sont devenus indifférents à la politique, qu'Emmanuel Macron, par sa jeunesse, son style et un positionnement différent, suscite un intérêt renouvelé. Ce qui n'est pas négligeable, certes ; néanmoins la véritable bataille du PRAF se situe ailleurs.

QUATRIÈME PARTIE

Où va la démocratie ?

La France n'est pas un pays déprimé. Si ce stéréotype a la vie dure, il est pourtant totalement erroné. En revanche, les Français sont incontestablement pessimistes et défiants, état d'esprit installé depuis très longtemps. Cette distinction n'est pas mince : autant un dépressif n'agit plus, ne revendique rien et se replie sur lui-même, autant un pessimiste ou un défiant peut manifester de la ressource et de l'énergie face aux dangers qu'il perçoit.

Inquiets mais actifs, les Français ont depuis peu franchi une nouvelle étape : celle de l'exaspération et de la colère. Le pays est aujourd'hui sous tension et de multiples signes en témoignent.

La violence des débats et des clivages qui se sont multipliés a gagné en intensité, qu'ils concernent le mariage pour tous, la place de la religion et de la laïcité, le port du voile ou du burkini dans l'espace public, les réfugiés ou encore la loi El Khomri sur le travail. Sujets sur lesquels on s'oppose, s'invective, se déchire, dans les émissions télévisées, sur les réseaux sociaux ou son lieu de travail.

En octobre 2013, le mouvement de protestation des Bonnets rouges, en réaction aux mesures fiscales relatives à la pollution des véhicules de transport de marchandises et aux nombreux plans sociaux de l'agroalimentaire, a été le signe annonciateur d'une série d'affrontements non seulement verbaux mais physiques, provoquant une mobilisation massive pour l'emploi et contre l'écotaxe en Bretagne, qui a débouché sur la création d'un collectif et de comités locaux.

En mars 2016, à l'occasion de l'avant-projet de loi El Khomri visant à « améliorer la compétitivité des entreprises, développer et préserver l'emploi, réduire la précarité du travail et améliorer les droits des salariés », des manifestations d'une ampleur inédite depuis celles de 2010 contre la réforme des retraites ont éclaté à peu près partout dans le pays. Là encore, le conflit a été long et violent. En Corse, des heurts communautaires et des expéditions punitives ont eu lieu. À Air France, le directeur des ressources humaines a été physiquement pris à partie par les manifestants et n'a dû son salut qu'à la fuite, y laissant sa chemise. Dans les transports en commun, les actes d'incivilité et d'agressivité entre des usagers exaspérés se multiplient. Sur la route, l'animosité s'accroît entre automobilistes et deux-roues jusqu'à se traduire par des altercations physiques.

Effective, cette tension nouvelle se mesure aussi dans les enquêtes d'opinion portant sur les perceptions et attentes des Français. En 2006, 43 % de nos concitoyens déclaraient ne plus se sentir en sécurité en France. Dix ans plus tard, ils sont 55 %. Toujours en 2006, 29 % estimaient qu'« il faudrait tout changer » dans notre pays. Ils sont aujourd'hui 54 %, soit vingt-cinq points de plus. Enfin, 41 % estiment maintenant que « pour avancer, il faudrait d'abord une révolution ». Des résultats qui doivent être pris très au sérieux.

Dans un tel contexte, la violence de ces réactions ou jugements est partiellement canalisée à travers les réseaux sociaux, les forums de discussion, les enquêtes d'opinion et les élections, qui constituent autant de soupapes d'expression. Mais cela ne suffit pas et c'est la nature même du régime qui est mise en question, comme si la démocratie était de moins en moins capable de répondre à cette demande de changement. Que s'est-il donc passé ?

Une révolution numérique, tout simplement.

Aujourd'hui, 16 % seulement des Français se déclarent mal à l'aise avec les nouvelles technologies, alors que 68 % considèrent qu'elles leur simplifient la vie. Ces chiffres ne sont pas le reflet d'une simple impression : ils renvoient à une expérience concrète, solidement et quotidiennement éprouvée, où l'usage du numérique permet aux individus de retrouver des marges de manœuvre, de gagner du temps, de se connecter à d'autres personnes pour s'informer, échanger et s'entraider, imaginer et mettre en pratique des solutions.

C'est ce qui permet également à la société française de ne pas se fissurer et de dissocier un avenir collectif, qu'elle perçoit sombre et marqué par un déclassement inéluctable, d'un présent individuel où l'on peut agir, réaliser et retrouver du pouvoir. Pouvoir, par exemple, d'influencer les marques et de faire pression sur elles en les notant, mais pouvoir également de contourner des pesanteurs et des interdits.

La conséquence de cette révolution numérique est qu'elle rend insupportables certains aspects de la démocratie représentative. Celle-ci n'est plus synonyme de liberté mais de lourdeur, de carcans, de blocages, de discussions sans fin et sans débouchés concrets ou rapides. Ne restent alors que des rituels jugés de plus en plus obsolètes, dont on se détourne ou contre lesquels on se révolte, puisque ces rites et ces interdits empêchent la société de mettre en place les solutions qu'elle élabore.

Les acteurs du « système » sont alors forcément décriés plus fortement qu'ils ne l'ont jamais été : il y a quinze ans, la crise du résultat inquiétait et désolait les Français, mais les représentants étaient perçus comme « simplement impuissants », « hélas impuissants ». Aujourd'hui, ils sont toujours considérés comme tels, mais, fait nouveau, comme ceux qui, en outre, bloquent les solutions possibles. La réaction des Français est un PRAF qui gagne en intensité.

De ce point de vue, nos gouvernants n'ont pas mesuré l'ampleur de ce qui se jouait à travers la demande de simplification exprimée par les Français. Cette aspiration est depuis plus de quarante ans une sorte de serpent de mer de notre vie politique. Lequel a entre-temps changé de nature. Il ne s'agit pas seulement de simplifier, mais de s'affranchir de normes perçues comme inutilement contraignantes, ce qui est bien autre chose. Aujourd'hui, le nouvel ennemi n'est pas (seulement) la complexité, mais la norme qui trace une frontière entre le licite et l'interdit. Un Français sur deux déclare ainsi, en 2016, qu'il en a « assez qu'on lui dise ce qu'il est bien et ce qu'il n'est pas bien de manger ou boire ». Et ce refus de la norme va naturellement au-delà de la sphère alimentaire. Il concerne, par exemple, les vaccins, de plus en plus décriés et refusés, et de multiples mesures prises par un Parlement légitimement élu mais dont on conteste néanmoins les décisions.

Tocqueville semble donc s'être trompé sur ce qui menace la démocratie participative. Il redoutait l'aspiration à toujours plus d'égalité, mais le danger vient aujourd'hui de la montée en puissance toujours plus forte d'une autre valeur, la liberté individuelle. Quand la démocratie, au lieu de servir la liberté, donne le sentiment de s'y opposer, elle est répudiée ou contestée, a minima menacée.

Cette contestation repose malgré tout sur un contresens lourd de conséquences possibles : car contrairement à l'idée reçue, la démocratie n'est pas le régime où « chacun a le droit de faire ce qu'il veut ». Un tel régime, c'est tout simplement l'anarchie, auquel conduit le refus précisément de l'autorité et de la norme.

Notre malaise démocratique actuel vient en réalité du fait que nous vivons dans un monde où l'essor d'Internet a accentué le divorce entre une sphère dirigeante taxée d'impuissance et une société qui développe ses propres capacités d'initiative et de responsabilité. Une société d'exaspération où l'exigence de liberté individuelle prévaut de plus en plus ouvertement sur le souci de l'intérêt général dans sa double fonction régulatrice et protectrice. Une société où il est donc urgent de redéfinir ce qui rend la norme légitime, pour qu'elle soit admise et respectée, et de le faire avec les premiers intéressés, les Français eux-mêmes. Une société enfin où il faut réarticuler démocratie représentative et démocratie participative. Mais est-ce possible et à quelles conditions ? Pas au prix, en tout cas, d'une tentation chez les Français d'un régime autoritaire, l'analogie entre notre époque et les années 1930 étant ici totalement erronée.

D'abord, parce que cette voie est antithétique avec ce qui caractérise le moment présent, à savoir la montée de l'individualisme et l'attachement profond à la liberté individuelle, qui à eux seuls nous protègent d'un « scénario mussolinien » : aujourd'hui plus que jamais, les vérités et les injonctions tombées d'en haut sont critiquées, questionnées et réfutées. Chacun tient à *sa* vérité, *sa* liberté et à la liberté tout court. On n'est pas prêt non plus à s'aligner comme un seul homme derrière un chef, comme cela pouvait être le cas il y a presque un siècle. Enfin, que la situation économique actuelle soit médiocre ou mauvaise ne change rien à cette dynamique des valeurs contemporaines, si opposée à celle des années 1930.

Une telle hypothèse, quand on la teste dans l'opinion, est largement rejetée. C'est ce que nous avons fait en demandant aux Français de nous dire ce qu'ils penseraient de ce régime : « Un gouvernement dont les principales caractéristiques seraient les suivantes : un chef élu par le peuple sur la base de grandes orientations énoncées pendant la campagne électorale prendrait ensuite toutes les décisions avec une équipe restreinte pendant son mandat. Les partis, les syndicats, les partenaires sociaux n'auraient plus beaucoup de pouvoirs. Les décisions seraient prises rapidement et sans intermédiaires. Le Parlement aurait un rôle très limité. Le président pourrait, s'il le souhaite, soumettre à référendum certaines questions. »

La réponse est claire : moins d'un Français sur cinq estime qu'un tel régime serait meilleur que la démocratie. Et même chez les plus critiques, les 32 % de Français qui déclarent que « la démocratie n'est pas le meilleur régime politique et qu'il en existe d'autres tout aussi bons », un pouvoir de type autoritaire n'est jugé préférable à la démocratie que par seulement 26 %.

Ce qui menace la démocratie n'est donc pas en France une tentation de cet ordre. Ce risque, si risque il y a, ne pourrait survenir que s'il était imposé par la force… ou par une PRAF-attitude exacerbée. En effet, il faut malgré tout constater que si seuls 18 % des Français estiment qu'un tel régime serait meilleur que la démocratie – et 60 % qu'il serait moins bon –, 22 % déclarent qu'il ne serait ni meilleur ni moins bon. C'est cette indifférence-là, combinée aux 18 % de partisans d'un régime autoritaire, qui pourrait à terme menacer l'évolution politique de la France. Voilà pourquoi le PRAF doit être pris au sérieux et d'une certaine manière combattu.

Comment ? En s'appuyant sur la société elle-même. Dans la même enquête, deux autres alternatives à la démocratie étaient testées. Un scénario que l'on peut qualifier de « technocratique » et un autre de « participatif ». Tous deux ont en commun de prendre en compte la méfiance à l'égard des élus.

Scénario technocratique :

« Un gouvernement dont les principales caractéristiques seraient les suivantes : il n'y aurait plus d'élus. Il n'y aurait plus d'hommes politiques. Des experts seraient nommés par des responsables administratifs à différents postes pour leurs compétences techniques. Ils soumettraient aux citoyens différentes solutions (économiques, sociales, etc.) pour le pays. Les citoyens voteraient pour les différentes solutions grâce à des référendums, à des votes par Internet. Les experts mettraient en œuvre la politique dictée par les citoyens. »

Scénario participatif :

« Des groupes de citoyens volontaires ou tirés au sort travaillent ensemble, échangent via Internet ou en se réunissant et se mettent progressivement d'accord sur des propositions à mettre en œuvre. Chaque groupe confie ensuite son programme politique à l'homme politique dont il se sent le plus proche, lequel se l'approprie, accepte de le mettre en œuvre s'il est élu et va le défendre devant tous les Français lors de l'élection. Après l'élection, les citoyens contrôlent et vérifient que l'homme politique applique bien le programme. Tout au long du mandat, les citoyens sont régulièrement consultés sur les décisions à prendre et la manière d'appliquer le programme pour lequel ils ont voté. »

Par rapport à l'hypothèse d'un régime autoritaire, ces deux scénarios tentent beaucoup plus les Français : 46 % seraient favorables au premier (et 55 % de ceux qui pensent que la démocratie fonctionne mal). 29 % jugent qu'il serait meilleur que la démocratie (et 39 % des 32 % qui pensent qu'il existe d'autres régimes tout aussi bons que la démocratie).

Quant au scénario participatif, c'est un plébiscite : 67 % y seraient favorables (et 71 % de ceux qui pensent que la démocratie fonctionne mal). 40 % estiment qu'il serait meilleur que la démocratie (et 48 % de ceux qui pensent que d'autres régimes sont tout aussi bons qu'elle).

Face à une telle demande, l'organisation de primaires pour désigner le candidat de la droite et du centre, ou celui de la gauche, relève de réponses totalement décalées. Certes, elles permettent bien aux citoyens qui le désirent de désigner un candidat et, en ce sens, de reprendre la main sur les partis. Mais, d'une part, la liste des élus amenés à se présenter devant les électeurs est totalement verrouillée par ces mêmes partis et les règles qu'ils ont édictées, ce qui limite la portée de cet élargissement. D'autre part et surtout, il s'agit uniquement de se réapproprier la désignation de ceux dont on conteste précisément de plus en plus l'importance et la façon d'agir : les élus. On rate donc l'essentiel, qui est de faire intervenir les citoyens dans l'élaboration même des projets et dans un travail d'adaptation permanente, tout au long du mandat, des solutions à mettre en œuvre. Or, c'est bien cela que réclame une part croissante de Français.

Les candidats l'ont partiellement senti qui, à droite, de François Fillon à Alain Juppé en passant par Bruno Le Maire et Nathalie Kosciusko-Morizet, ont tous insisté, durant leur campagne, sur le fait d'avoir des projets élaborés avec les citoyens. Mais ils se sont contentés de parler de la préparation du projet comme si, une fois élus, l'enjeu unique était son application (sur laquelle ils ont par ailleurs beaucoup appuyé). Ils sont donc restés, fondamentalement, dans une conception très classique de la démocratie représentative. À gauche, le plus proche de cette conception est incontestablement Jean-Luc Mélenchon.

La primaire a enfin un autre inconvénient, celui de générer des illusions dangereuses. La première consiste à voir dans les 4,2 millions de Français qui ont voté à celle de la droite et du centre le signe d'une exceptionnelle mobilisation. Que ses organisateurs l'aient clamé est de bon aloi. Que les médias se soient joints à ce concert est plus problématique : 4,2 millions, ce chiffre ne correspond qu'à environ 10 % du corps électoral et 25 % environ des sympathisants de droite. En d'autres termes, les trois quarts de ces derniers, pourtant particulièrement concernés, sont restés chez eux. Si cela n'est pas un PRAF, cela s'en rapproche bien et constitue a minima une indifférence massive. Le succès ne vaut en réalité, et c'est tout autre chose, que par rapport à la primaire de la gauche de 2011, qui n'avait réuni que 2,7 millions d'électeurs.

La seconde illusion tient à la façon dont certains observateurs se sont emparés de la notion d'« inclus ». Une formule qui là encore a fait florès. Or, s'il s'agit de dire que ceux qui se sont mobilisés les 20 et 27 novembre 2016 étaient beaucoup plus âgés et aisés que la moyenne des Français, mais aussi plus intéressés par la politique, c'est là une information qui figurait dans tous les rapports d'enquêtes réalisés par les instituts de sondage et maintes fois soulignée. En revanche, en parlant d'« inclus », on sous-tend une autre idée : que ceux qui n'ont pas participé à ce vote sont, par opposition, des « exclus », c'est-à-dire des personnes qui subissent un processus d'éviction. Et c'est là que l'on commet toujours la même erreur : celle, à nouveau, d'ignorer le PRAF.

Les 75 % d'électeurs potentiels de la droite et du centre qui n'ont pas voté à la primaire de novembre ne sont absolument pas des « exclus », et certains ont dû trouver ce type de commentaire très condescendant. Ils ne sont d'ailleurs pas massivement constitués de personnes issues des catégories populaires – ce que l'on pointe souvent en parlant d'« exclus » – mais au contraire, de la classe moyenne. Ce sont en fait des électeurs qui n'ont pas voulu participer à cette désignation parce qu'elle n'a pas beaucoup d'importance à leurs yeux. Elle les indiffère ou ils relativisent son importance. Parce qu'il y aura de toute façon l'élection présidentielle. Et parce qu'ils ont pris du champ à l'égard de la politique elle-même.

Plus que le reflet de la réalité, la thèse des « inclus » est avant tout le symptôme d'observateurs tellement passionnés, quant à eux, par la politique qu'ils ne parviennent plus à comprendre que l'immense majorité des Français ne partage pas cet intérêt. Cela ne signifie pas qu'il n'y a pas eu de processus d'exclusion à l'œuvre dans cette élection – les ouvriers et les employés y ont été effectivement sous-représentés, ce qui explique en partie l'éviction de Nicolas Sarkozy dès le premier tour –, mais que l'« exclusion » n'est pas la caractéristique dominante de la primaire. Ce qui pose pour François Fillon le problème de l'adéquation de son projet avec l'attente d'une majorité de Français et non pas seulement d'une part spécifique et peut-être minoritaire de son électorat.

Quoi qu'il en soit, la primaire n'est pas une réponse à la crise démocratique. Et c'est plutôt du côté des « civic tech », ces initiatives et applications numériques destinées à favoriser la participation citoyenne, qu'il faut se tourner pour la trouver. Non seulement celles-ci prolifèrent sur le Web mais elles constituent une tentative plus intéressante et riche de renouvellement de la vie politique.

En effet, ces initiatives abordent toutes les facettes du problème et, tout d'abord, la façon de peser dans le débat, d'interpeller les élus et de mobiliser la société.

C'est, par exemple, ce à quoi tente de répondre une plate-forme telle que « make.org ». Elle permet à des questions ou des préoccupations d'émerger en dehors du filtre constitué par les partis et les médias, et à la société civile d'être ainsi davantage et plus directement représentée. « Make.org » va même plus loin : ayant cartographié les décisionnaires en France sur à peu près tous les sujets (élus, responsables d'associations, membres de cabinets ministériels, experts, journalistes spécialisés, etc.), il devient possible, pour un thème donné, d'interpeller les personnes véritablement influentes en la matière et d'organiser des campagnes virales pour les inciter à préciser leurs positions. Dans un ordre d'idées proche, les pétitions en ligne, dont l'essor est tout aussi rapide, visent également à permettre aux citoyens de davantage peser dans les débats et sur les décisions.

Pour favoriser l'implication des citoyens et renforcer leurs pouvoirs, ce qui constitue le deuxième enjeu, d'autres initiatives ont vu le jour : des comparateurs de programmes, bien entendu, mais aussi le lancement, en septembre 2011, de l'« Open Government Partnership », qui vise d'une part « à imaginer comment partager informations et données utiles afin de promouvoir la transparence et l'intégrité des gouvernements mais aussi, à intégrer les citoyens à l'élaboration des politiques publiques[1] ». Entraînées par le Brésil et les États-Unis, soixante-quatre nations ont depuis rejoint ce programme, dont la France en 2014. Le site « La Fabrique de la loi » permet maintenant de suivre l'évolution de la loi au fil de la procédure parlementaire et de recueillir des suggestions de citoyens. Des pays comme la Corée du Sud sont particulièrement impliqués et avancés dans ce type de processus. Enfin, de plus en plus souvent, des municipalités mettent en place des budgets participatifs. À Paris notamment, une part conséquente du budget de la ville relatif aux dépenses d'investissement est réservée à des

1. Laure Belot, *La Déconnexion des élites : comment Internet dérange l'ordre établi*, Les Arènes, 2015, p. 152. Voir en particulier les chapitres 5 et 6.

initiatives citoyennes. Proposées et élaborées par les habitants eux-mêmes, elles sont passées au tamis de l'expertise technique et financière par les responsables de la ville et font ensuite l'objet d'une votation des citoyens.

Faire émerger un candidat en court-circuitant les partis est le troisième enjeu recherché par une partie de la population. C'est aussi l'objectif d'une plate-forme telle que « LaPrimaire.org », qui entend le faire à partir de phases de consultations et d'élections tout au long de l'année 2016, suivies du choix d'un programme et d'un candidat unique. Ce processus n'a dans les faits pas abouti mais il cherche à apporter une solution à ceux qui critiquent notamment, dans la démocratie représentative, le contrôle des candidatures par les partis.

Toutes ces initiatives et bien d'autres encore seront amenées à se développer rapidement dans les années qui viennent. Reste à savoir si, derrière le paravent intéressant d'un renouvellement de la démocratie, elles constituent un véritable progrès ou une possible régression. Cela dépendra de la réponse apportée aux six questions suivantes :

Comment éviter le basculement dans ce qui serait une démocratie de la pression permanente, où les lobbies auraient potentiellement une puissance démultipliée ? Il est très fécond de permettre aux citoyens de peser davantage dans le débat et sur les élus. Mais les plates-formes numériques et la possibilité de cartographier les décisionnaires vont aussi conduire à exercer sur eux, et notamment les élus, une pression accrue, sans que l'on puisse contrôler véritablement les groupes d'intérêt qui pourraient être à l'œuvre derrière de tels mouvements d'opinion ou de telles campagnes. Par ailleurs, même s'il n'y a pas de lobbies qui utilisent à leurs fins plutôt qu'au nom de l'intérêt général cette possibilité de faire émerger certains thèmes, on peut s'interroger sur les bienfaits d'un tel système. Deux siècles de lente construction de la démocratie nous ont au contraire montré combien il fallait protéger la décision publique des pressions permanentes sur des sujets qui peuvent brutalement faire irruption dans le débat public… et s'effacer tout aussi rapidement.

La deuxième question est de savoir en quoi « ce qui remonte du bas » est l'expression véritable de la société. En d'autres termes, quelle est la représentativité, la valeur que l'on peut accorder à ces débats, ces contributions, ces thèmes ou ces propositions en provenance des plates-formes numériques et du Net ? Sur quoi se fonde leur légitimité ? C'est à la fois une question de nombre, dans la mesure où ceux qui s'expriment ainsi ne constituent encore qu'une toute petite minorité de la population, mais aussi d'organisation même du débat. En effet, dans un échange démocratique, il doit y avoir des règles pour garantir à chacun un égal accès, mais aussi pour définir ce qui fait partie du débat ou non, ce sur quoi on discute et ce qui renvoie à d'autres questions, tout n'étant pas dans tout et réciproquement. Il faut donc un régulateur extérieur. À la télévision, un ou plusieurs journalistes conduisent le débat dont les conditions sont posées préalablement. Sans eux, rien ne garantit qu'il y aurait une autorégulation spontanée. Mais ce rôle peut aussi bien revenir à un expert de la question ou, dans certains cas, à un citoyen parmi d'autres, à condition qu'il acquière, dès lors qu'il est désigné comme régulateur, un autre statut. Si ces conditions ne sont pas respectées, on se retrouve la plupart du temps dans un foisonnement ou un bouillonnement d'échanges certes intéressant mais aussi totalement biaisé et dont nul ne peut dire sur quelle légitimité il repose. Ni donc pourquoi ses conclusions devraient s'imposer à tous.

La troisième question concerne la cohérence d'ensemble des propositions. Fondamentalement, la démocratie est un régime dans lequel on demande aux citoyens d'arbitrer non pas sur un thème mais sur des programmes d'ensemble. Chacun de ces programmes doit avoir une cohérence et une crédibilité en termes d'application possible : on ne peut pas tout additionner, il faut faire des choix. Les électeurs votent donc pour des projets au sein desquels les arbitrages sont différents. Cela n'a rien à voir avec des plates-formes numériques qui travaillent sur une mesure ou un thème et les soumettent à une votation, l'addition de ces thèmes ou mesures pouvant parfaitement conduire à une politique totalement inapplicable. La non-prise en compte de cette dimension peut conduire à une régression totale puisque, en démocratie, l'effort qui est demandé aux citoyens est justement de se hisser à ce niveau de cohérence globale pour juger et arbitrer. Effort certes difficile et exigeant, mais qui différencie une addition démagogique de propositions d'un programme effectif de gouvernement.

La quatrième question est celle de l'élaboration. Dans une société complexe, où les problèmes le sont tout autant, les solutions ne peuvent pas s'élaborer de manière instantanée. Il faut des échanges, du temps, de la réflexion et de l'expertise. Cela est naturellement possible sur le Net et les « civic tech » peuvent donc y contribuer. Mais la technologie même du Net ne pousse pas en ce sens : sa vitesse de déploiement, la facilité avec laquelle on peut répondre sont à l'opposé d'une pensée qui se construit lentement. Sans faire l'éloge de la plume d'oie, il s'agit de mettre en place, dans ces processus numériques, des verrous en termes de délais pour limiter les effets délétères de l'instantanéité. Par ailleurs, la démocratie représentative peut ici s'inspirer pour se régénérer, non pas uniquement des « civic tech », mais des conférences de consensus. Dans ce type d'approche, des groupes de citoyens sont d'abord réunis pour être nourris d'informations sur un sujet difficile et, souvent, confrontés à des experts de la question. Un temps variable de décantation leur est ensuite laissé, de quelques jours à plusieurs semaines, au cours duquel ils peuvent continuer à s'informer et à poser des questions. Une seconde réunion est ensuite organisée, afin de dégager les points sur lesquels il peut y avoir consensus ou non et à quelles conditions il peut être trouvé. L'immense avantage des conférences de consensus est ainsi de permettre à chacun d'évoluer dans sa réflexion en prenant en compte des éléments d'information qui n'étaient pas connus spontanément, mais aussi de parvenir à une meilleure compréhension des enjeux portés par telle ou telle décision. L'accord obtenu est par là plus solide, sur la base d'une opinion publique éclairée et d'une pensée plus élaborée.

La cinquième question est celle de la corruption. En effet, la corruption de ceux qui prennent des décisions à la place des citoyens et « pour leur bien » est un des problèmes les plus cruciaux pour l'avenir de la démocratie, dès lors qu'ils la videraient de sa substance. Si les élus sont corrompus, c'est la légitimité même du système qui est détruite. Or, là encore, ces deux derniers siècles ont été marqués par une amélioration continue des moyens de lutte contre ce fléau : financement public des partis étroitement codifié et contrôlé, limitation des dons des entreprises, encadrement des campagnes électorales, déclaration du patrimoine des élus… Tout n'a évidemment pas été réglé mais jamais sans doute la vie politique n'a été à ce point assainie. Ce rempart patiemment élaboré et consolidé reste cependant fragile. Or la démocratie du Net vient percuter la démocratie représentative, mais sans apporter de véritables garanties sur la façon de maintenir un haut degré de probité dans la vie politique. Plus grave encore, il peut y avoir de multiples façons de réintroduire par ce biais des pratiques frauduleuses. Les solutions sont donc ici aussi à imaginer et les efforts en ce sens à poursuivre.

Dernière question : celle de la sanction. La démocratie représentative a comme avantage de permettre de sanctionner les gouvernants ou d'en changer. Certes, la vie d'une démocratie ne se joue pas au seul moment de l'élection. Mais seule l'élection permet d'appliquer pleinement le principe de responsabilité et de rendre le peuple souverain, en lui donnant ce pouvoir absolu de déclarer si, à ses yeux, les dirigeants ont failli ou non.

Il y a par conséquent deux écueils à éviter. D'abord celui de la fossilisation de la démocratie représentative, si les responsables politiques ne sont pas capables de prendre davantage en compte les attentes de la société, de laisser une plus grande place à la parole des citoyens en leur permettant, que cela soit à travers les « civic tech » ou tout autre moyen, de s'exprimer et d'agir. Sous peine d'en arriver à une contestation plus radicale.

L'autre écueil est celui qui nous ferait basculer dans le mirage d'une démocratie liquide[1], à mi-chemin entre

1. L'expression est de Pia Mancini, cofondatrice du parti politique argentin Partido de la Red, qui a également créé avec deux autres Argentins « DemocracyOS », une plate-forme « open source »

démocratie représentative et démocratie directe et qui ne prendrait en compte aucune des six questions que nous venons d'énumérer.

Il y a en tout cas tension entre ces deux formes de démocratie ; il importe désormais de déterminer comment les articuler à l'avenir et à quel moment l'une doit primer sur l'autre. C'est finalement le débat sur la démocratie depuis son origine mais il s'est tendu dans cette période de transition et constitue le défi majeur de demain.

---

pour débattre et voter en ligne afin de donner plus de poids aux avis des citoyens et de faciliter la prise de décision politique de manière collaborative. Son objectif politique est de faire une « démocratie du XXIe siècle » où « l'élection n'est plus le seul moment de la démocratie, parce que les citoyens aspirent à une démocratie en continu ».

Conclusion

Je tiens le PRAF pour un phénomène central. Et je pense qu'il faut lutter avec acharnement et discernement contre lui. Bien sûr, on peut comprendre la PRAF-attitude et même, souvent, l'éprouver et la partager. Et plus encore que la « comprendre », il faut reconnaître et admettre qu'elle est à bien des égards légitime, tant les reproches que font des millions de Français à la politique, à l'information, à la morale publique et à l'évolution de la société sont en grande partie fondés.

Mais s'il faut combattre le PRAF, c'est parce qu'il peut être destructeur pour la démocratie. Tant qu'il y a controverse, contestation, opposition et débat, il y a de la démocratie. Je ne suis donc pas gêné par le fait que celle-ci soit passée du statut de l'évidence à un sujet de discussion. On peut même affirmer que c'est le propre de la démocratie que de se remettre en question, preuve de sa vitalité. Mais je suis davantage gêné et inquiet pour elle quand l'indifférence, la relativisation et le détachement progressent dans l'opinion, comme les indicateurs le montrent aujourd'hui. Pour perdurer, la démocratie a besoin d'ardeur et de confiance chez les citoyens.

La campagne pour l'élection présidentielle de 2017 va probablement conduire une partie des Français habités ou tentés par le PRAF à se réengager. Mais l'enjeu dont nous parlons va bien au-delà de ce seul rendez-vous.

Sur la longue période, conjurer le PRAF suppose de s'intéresser à la racine du mal et d'agir sur toutes les causes qui le nourrissent. La solution ne consiste pas à partir à la reconquête d'une catégorie d'électeurs, mais à s'interroger sur les motivations de la PRAF-attitude et à tout mettre en œuvre pour les contrer.

La tâche en incombe aux acteurs politiques, mais pas seulement à eux. Ce travail concerne aussi tous ceux qui jouent un rôle spécifique dans la vie du pays et le débat public, et qui contribuent à faire vivre ou à abîmer la démocratie : journalistes, intellectuels, présidents d'associations, représentants syndicaux., chefs d'entreprise, spécialistes des marques et du marketing, responsables d'enquêtes d'opinion, entre autres. Et bien entendu, les citoyens eux-mêmes, les citoyens surtout, ceux qui participent à notre vie démocratique comme ceux qui s'en abstiennent.

Remerciements

Cet essai se nourrit de lectures, d'observations, mais aussi de ruminations et d'obsessions entrecoupées de colères et d'inquiétudes dont j'ai bien conscience. J'en suis donc le seul responsable. Mais il est également le fruit d'échanges et de conversations. Parfois, c'est un mot ou une simple remarque qui ont cheminé et maturé, à l'insu même de leurs auteurs. À d'autres moments, c'est un échange plus profond qui s'est noué. Je voudrais donc ici remercier tous ceux qui ont nourri ma réflexion et en particulier, pour leur relecture attentive et exigeante, leurs critiques et leurs apports, Yves Bardon, Marc Hivernat, Alain Treister, François Bazin et Martial Foucault.

Je voudrais également adresser un clin d'œil affectueux à Jean-Marc Lech, aujourd'hui décédé. Jean-Marc alliait des intuitions très profondes et souvent géniales à un sens de la provocation particulièrement tonique. J'espère qu'il aurait apprécié ce PRAF, dont j'aurais aimé pouvoir discuter avec lui.

Merci à Didier Truchot, à Ipsos et à ses équipes, à ce merveilleux métier et aux trésors de connaissances qu'il permet d'accumuler.

Merci à Camille, mon épouse, qui m'a supporté, dans tous les sens du terme, durant l'écriture de ce livre. Et ce n'était pas rien…

Merci enfin à mon éditeur Jean-Luc Barré, pour sa bonne humeur, ses remarques empreintes de délicatesse et de pertinence, sa confiance et sa patience.

Table

Imprimé en France par CPI
en février 2017

Composition PCA
44400 – Rezé

Dépôt légal : février 2017
N° d'édition : 55826/01
N° d'impression : 138368